FACULTÉ DE DROIT DE POITIERS.

DES SERVITUDES PRÉDIALES OU RÉELLES

EN DROIT ROMAIN.

DES SERVITUDES

QUI DÉRIVENT DE LA SITUATION NATURELLE DES LIEUX

EN DROIT FRANÇAIS

THÈSE

PRÉSENTÉE A LA FACULTÉ DE DROIT DE POITIERS

POUR OBTENIR LE GRADE DE DOCTEUR

ET SOUTENUE LE SAMEDI 9 JANVIER 1869, A 2 HEURES DU SOIR

DANS LA SALLE DES ACTES PUBLICS DE LA FACULTÉ

PAR

LUDOVIC BALLAND

Avocat à la Cour impériale.

POITIERS

TYPOGRAPHIE DE HENRI OUDIN,

RUE DE L'ÉPERON, 4.

1869

FACULTÉ DE DROIT DE POITIERS.

DES SERVITUDES PRÉDIALES OU RÉELLES

EN DROIT ROMAIN,

DES SERVITUDES

QUI DÉRIVENT DE LA SITUATION NATURELLE DES LIEUX

EN DROIT FRANÇAIS.

THÈSE

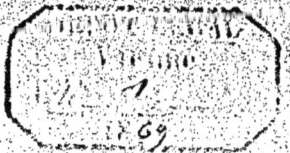

PRÉSENTÉE A LA FACULTÉ DE DROIT DE POITIERS

POUR OBTENIR LE GRADE DE DOCTEUR

ET SOUTENUE LE SAMEDI 9 JANVIER 1869, A 2 HEURES DU SOIR

DANS LA SALLE DES ACTES PUBLICS DE LA FACULTÉ

PAR

LUDOVIC BALLAND,

Avocat à Ruffec (Charente).

POITIERS

TYPOGRAPHIE DE HENRI OUDIN.

RUE DE L'ÉPERON, 4.

1869

COMMISSION :

Président : M. LEPETIT ✻.

Suffragants :
{ M. FEY. ✻
M. Martial PERVINQUIÈRE.
M. DUCROCQ.
M. DELOYNES } Professeurs.

Agrégé.

A MON PÈRE, A MA MÈRE,

A MA SOEUR,

A MES PARENTS, A MES AMIS.

DROIT ROMAIN.

DES SERVITUDES PRÉDIALES OU RÉELLES.

> Quid aliud sunt jura prædiorum,
> quam prædia qualiter se habentia,
> ut bonitas, salubritas, amplitudo ?
> CELSUS, loi 86. *D. de Verb. signif.*

INTRODUCTION.

Les législations anciennes nous révèlent le soin extrême, je pourrais même dire minutieux, avec lequel les peuples de l'antiquité réglementaient tout ce qui concernait les servitudes. Un grand nombre d'auteurs en ont d'ailleurs fait la remarque; mais quelle en est donc la cause? Ils ne l'ont pas signalée. Il ne faut pas la chercher bien loin : je la trouve dans l'essence même des servitudes, qui sont en effet, par rapport à l'état social, l'action journalière de la vie humaine dans son exercice régulier et légitime avec chacun des êtres et chacune des choses qui l'environnent. Le législateur a dû se trouver, dès lors, dans la nécessité de réglementer tout d'abord les servitudes, puisque, légalisant les relations des citoyens entre eux, il les dégageait de l'arbitraire qui pouvait y porter le trouble et le désordre. Nous pouvons dire que les servitudes sont inhérentes à toutes sociétés humaines dès l'aurore de la civilisation, et qu'elles en sont inséparables.

Pour nous convaincre de ces vérités, il nous suffira de remonter à l'origine des diverses servitudes. Basnage (Coutumes

de Normandie, Traité des servitudes) nous dit : « Tous les héri-
« tages d'après le droit naturel étaient libres ; mais l'avarice
« et l'ambition ont détruit la liberté, et introduit l'esclavage
« sur les hommes, la servitude sur les biens. » Vraie en ce
qui concerne l'esclavage, cette pensée de Basnage est fausse,
en ce qui a rapport aux fonds de terre. Les servitudes réelles,
comme le dit très-bien Lalaure (Traité des servitudes, p. 14),
ont une origine moins déshonorante pour l'humanité. Lorsque
le nombre des hommes vint à augmenter, et qu'ils
s'étendirent sur toute la terre, la nature des différents terrains
qu'ils occupaient leur imposa forcément des servitudes ; peu
à peu, la population augmentant, les familles se rapprochèrent,
formèrent des hameaux, puis des villages, puis des villes,
et ces rapprochements donnèrent naturellement lieu à des
rapports de voisinage, d'où naquirent les servitudes conventionnelles.
Du moment qu'une peuplade naissante eut compris,
par les échanges qu'elle faisait avec ses voisins, les avantages
de la culture et de la propriété, les anciens de la tribu durent,
tout d'abord, délimiter la propriété par des bornes ;
puis encore, pour conserver autant que possible l'égalité dans
les partages, qui avaient lieu *ex æquo et bono*, sans aucune
forme de procédure, sans enregistrement ni papier timbré
(c'était là l'âge d'or de la justice), ces mêmes chefs de tribu
accordèrent à ceux dont le terrain était privé d'eau la faculté
d'en venir puiser dans le terrain voisin, plus favorisé de la
nature. Ces colonies naissantes, venant à se développer,
reconnurent bientôt l'utilité du tracé et de la conservation des
routes, la nécessité de laisser un passage libre sur le bord des
cours d'eau, de déterminer l'espace qui devait exister entre
certaines constructions, pour éviter les inconvénients qui
pourraient résulter de leur voisinage : de là les servitudes
légales. L'ensemble de ces diverses charges, provenant ou de
la nature des lieux, ou de la convention, ou de la loi, furent
appelées *leges et conditiones agrorum*.

Brodeau, sur l'art. 186 de la Coutume de Paris, vient confirmer ce que nous avançons. « La constitution de la servitude sur les héritages, dit-il, contraire aux droits de la nature, a été introduite, non par le droit des gens, mais par l'autorité du droit civil, commun et général à ceux qui, les premiers, ont construit des maisons et des villes, formé des colonies, divisé, partagé et limité les héritages. »

Telle est l'origine des différentes espèces de servitudes; mais disons, de suite, que les Romains avaient établi une division générale les embrassant toutes; ils les désignèrent sous les noms de servitudes personnelles et servitudes réelles.

CHAPITRE I.

DES SERVITUDES EN GÉNÉRAL.

Une chose est considérée comme libre lorsque le propriétaire a seul droit à toute l'utilité qu'elle est susceptible de procurer; elle est au contraire esclave, lorsque le droit du propriétaire est restreint, soit parce qu'un tiers peut prendre une partie de l'utilité que fournit cette chose, soit parce qu'il peut empêcher le propriétaire d'en disposer d'une certaine manière. Le tiers est dit alors avoir un droit de servitude.

SECTION I.

CARACTÈRES ESSENTIELS A TOUTE SERVITUDE.

Les droits réels, autres que la propriété, ne sont pas tous des servitudes; à quoi donc reconnaitrons-nous le droit de servitude en général? Ce sera principalement aux trois caractères que voici :

1° Tout droit de servitude est consacré et garanti par le *jus civile*, tandis que les autres droits réels sont seulement consacrés par le préteur;

2° L'avantage que confère le droit de servitude peut varier

à l'infini; il est de nature très-diverse, on peut s'en convaincre en lisant la loi 7 ou Digeste *Communia prædiorum*, liv. 8, tit. 4. Celui qui est au contraire attaché aux droits de superficie, d'emphytéose, d'hypothèque, est parfaitement déterminé. Ainsi, en disant que j'ai un droit de servitude sur le fonds Cornélien, je ne fais pas connaître la faculté dont je suis investi par rapport à ce fonds, tandis qu'il me suffit de dire que j'ai un droit de superficie, d'emphytéose ou d'hypothèque sur tel objet, pour faire parfaitement comprendre, à l'instant même, dans quelle position je me trouve.

3° Tout droit de servitude suppose un sujet actif auquel il est étroitement attaché, avec lequel il s'éteint nécessairement, duquel il ne peut être séparé pour être appliqué à un autre. Ce sujet actif peut être une personne déterminée; cette personne ne peut aliéner son droit de servitude, et ce droit ne peut subsister après sa mort. Ce sujet actif peut être aussi un immeuble : le droit de servitude devient alors une qualité de cet immeuble, qualité qui peut durer aussi longtemps que l'immeuble même, mais qui ne peut jamais être transféré à un autre immeuble. Rien de semblable en ce qui concerne les autres droits réels; les droits de superficie et d'emphytéose sont transmissibles et aliénables; quant au droit d'hypothèque, il a ceci de particulier, qu'il est l'accessoire d'une créance, mais il n'appartient pas incommutablement à une certaine personne, à un sujet déterminé.

Il est de la nature de toute servitude d'être incorporelle : aussi pouvons-nous appliquer à toutes ce que dit Paul, au livre 15 *ad Sabinum* : « *Servitutes prædiorum rusticorum, etiam si corporibus accedunt incorporales tamen sunt.* » (Loi 14, D. *de servitutibus*.)

Le droit de servitude, étant une fraction du droit de propriété, ne peut exister en principe, comme ce droit lui-même, que sur une chose corporelle.

Tout droit de servitude, considéré au point de vue actif, au point de vue de l'avantage qu'il procure, consiste *in faciendo*, *in habendo*, ou *in prohibendo*. Dans les deux premiers cas, on dit que la servitude est positive; dans le troisième, qu'elle est négative. Que si nous considérons la servitude au point de vue passif, au point de vue de la charge qui en résulte pour un propriétaire, nous dirons qu'elle consiste toujours *in patiendo* ou *in non faciendo*. Ainsi je ne vois là qu'une seule division des servitudes : la servitude est-elle positive, elle consiste nécessairement *in patiendo* ; est-elle négative, elle consiste *in non faciendo*. Mais, dira-t-on, la servitude qui, considérée comme charge, consiste *in patiendo* ou *in non faciendo*, ne peut-elle donc pas consister aussi *in faciendo* ? Je répondrai que non, et Pomponius dit en effet : « *Servitutum non ea natura est ut aliquid faciat quis....... Sed ut aliquid patiatur, aut non faciat* » (Loi 15, § 1er, D. *de servit.*), et la raison en est bien simple, car la partie ne saurait contenir ce que le tout lui-même ne contient pas. Le propriétaire, comme tel, ne peut contraindre personne *ad faciendum*. Comment donc celui qui n'a qu'une fraction de la toute propriété, le *jus servituti*, aurait-il un droit plus étendu que le propriétaire lui-même ?

Je n'ai pas besoin de dire qu'il est de principe général et tout rationnel qu'on ne peut établir de servitude sur une servitude, *servitus, servitutis esse non potest*. On peut acquérir par droit d'obligation, dit Pothier, ce que cette règle ne permettrait pas d'acquérir par droit de servitude. (Loi 33, § 1er, D. *de servit. præd. rust.*)

SECTION II.

CARACTÈRES PROPRES AUX SERVITUDES PRÉDIALES OU RÉELLES.

Maintenant que nous savons à quels signes nous pourrons reconnaître une servitude en général, il nous faut spécialiser un peu, et voir quels sont les caractères des servitudes prédiales ou réelles dont l'étude fait l'objet de ce travail.

Les servitudes prédiales, *servitutes prædiorum*, sont ainsi appelées, parce qu'elles ne s'appliquent qu'à des immeubles. Pour ces immeubles, elles forment une certaine manière d'être, elles sont en quelque sorte des qualités particulières qui les suivent dans les diverses mains où ils passent. Une servitude prédiale existe sur un immeuble, et au profit d'un autre immeuble : elle suppose donc nécessairement deux immeubles n'appartenant pas au même propriétaire (Loi 1, § 1er, D. *Communia præd.*). Le propriétaire du fonds dominant a plus, celui du fonds servant a moins que ne le comporte le droit de propriété; tandis que le *dominium* du premier reçoit une certaine extension, celui du second subit, par là même une certaine restriction.

Nous venons de voir qu'il faut absolument deux fonds : l'un sur lequel, l'autre pour lequel la servitude soit établie ; mais ces fonds doivent-ils être voisins ? Oui, en général ; cependant cela ne sera pas nécessaire pour les servitudes *itineris, aquæductus, altius non tollendi* (Loi 5, titre 3, L. 8 au Digeste). Ces servitudes n'exigent pas en effet que les fonds de terre soient contigus : car il est permis d'établir un droit de passage, bien qu'il y ait une rivière entre les deux terrains, pourvu que cette rivière soit guéable, ou qu'il y ait un pont qui la traverse.

Nous trouvons en cette matière trois principes généraux, trois caractères sur lesquels il importe avant tout de se faire une idée bien exacte. Voici comment nous les formulerons : 1° la servitude doit procurer utilité ou agrément au propriétaire du fonds dominant; 2° elle suppose une *causa perpetua*; 3° une servitude prédiale est indivisible. Et d'abord :

1° La servitude doit procurer utilité ou agrément au propriétaire du fonds dominant. Il faut que ce fonds, considéré en lui-même, et abstraction faite de la personne à laquelle il appartient pour le moment, se trouve, en raison de la servitude, avoir une plus grande valeur. C'est ce que les Romains expriment très-bien quand ils disent que la servitude constitue une qualité du fonds: *Quid aliud sunt jura prædiorum, quam prœdia qualiter se habentia, ut bonitas, salubritas, amplitudo?* (Loi 86, D. *de Verb. sign.*)

Ainsi, mon fonds ne peut avoir sur le vôtre une servitude de passage, s'il en est séparé par un terrain intermédiaire qu'on ne peut traverser : il ne saurait y avoir servitude prédiale, si l'utilité ou l'agrément existait seulement pour telle personne, d'après ses goûts particuliers ou d'après ses occupations habituelles, ou bien encore s'il s'agissait d'un avantage ne supposant aucunement que le titulaire a un immeuble : *Ut ponum decerpere liceat*, dit Paul, *ut spatiari, ut cœnare in alieno possimus, servitus imponi non potest* (Loi 8, D. *de servit.*). Réciproquement, supposons que le propriétaire d'un fonds soit aveugle, cela l'empêchera-t-il d'acquérir à son fonds la servitude de prospect ? Non, certainement ; il le pourra très-bien, quoique personnellement il ne soit pas en état d'en profiter : le fonds lui-même en vaudra mieux et sera plus agréable. Il est bien entendu qu'un fonds peut être grevé de certaines charges en faveur de la personne, d'un droit de chasse par exemple ; mais nous dirons qu'il ne saurait y avoir là matière à servitude prédiale.

2º Je dis en second lieu que la servitude prédiale doit avoir une *causa perpetua* ; mais que devons-nous entendre par là ? C'est un état de choses naturel et permanent, tel que la servitude puisse être exercée sans aucun travail de la part du propriétaire du fonds servant, et tel que l'exercice actuel ne rende pas impossible l'exercice futur. Paul indique parfaitement ce qu'il faut entendre par cette cause perpétuelle, dans un texte que je traduis : « Il a été décidé qu'on ne pouvait
« regarder comme un ruisseau, ou comme une servitude qui
« s'acquiert par le temps, l'ouverture pratiquée au bas d'un
« mur, d'une chambre ou d'une salle à manger, pour faire
« écouler l'eau ayant servi à laver le pavé. » (Loi 28, D. *de servit. prœd. urban.* 8, 2.) Cela n'est vrai toutefois que dans le cas où ce n'est pas l'eau du ciel qui s'amasse dans cet endroit : car ce qui est l'ouvrage de l'homme ne peut constituer une

cause perpétuelle. Mais l'eau qui tombe du ciel et recueillie dans un réservoir, quoique ne tombant pas continuellement, tombe cependant par suite d'une cause naturelle : par ce seul fait, elle a une *causa perpetua*, et constitue dès lors une servitude prédiale.

Toutes les servitudes doivent avoir une cause perpétuelle : c'est pourquoi il est impossible d'établir une servitude d'aqueduc provenant d'un lac ou d'un étang; la servitude de gouttière elle-même doit avoir une cause naturelle et perpétuelle (Loi 28, D. *de servit. urb. præd.*). Ces différents exemples montrent parfaitement, je crois, ce que les Romains entendaient par une *causa perpetua*.

Certains auteurs prétendent que la nécessité de la *causa perpetua* a été supprimée peu à peu par le préteur et les constitutions impériales. Le premier des textes qu'ils invoquent est ainsi conçu : *Servitus aquæ ducendæ vel hauriendæ, nisi ex capite, vel ex fonte, constitui non potest; hodie tamen, ex quocumque loco constitui solet* (Loi 9, D. *de servit. præd. rust.*) Mais leur opinion ne me parait pas justifiée par là ; je dis même plus : ce texte ne me parait avoir aucun rapport avec la *causa perpetua*. Le jurisconsulte Paul, auquel il a été emprunté, veut dire tout simplement qu'on a fini par admettre que la servitude pouvait être exercée, non-seulement à la source même du fleuve, mais encore à un point quelconque de son cours. Le second texte invoqué par ces mêmes auteurs est tiré d'Ulpien : c'est la loi 2 au Digeste, *communia prædiorum* ; et dans les espèces qu'il pose, on peut soutenir que la servitude est nulle, comme consistant à exiger un fait de la part du propriétaire du fonds servant. On parle encore des constitutions impériales, et on fait allusion à une constitution de l'empereur Antonin Caracalla. Tout ce qu'elle décide, c'est qu'il faut admettre, suivant les circonstances, l'existence d'un droit de servitude, ou de quelque chose d'équivalent, lors même que l'exercice de ce droit suppose nécessairement certains travaux accomplis par le propriétaire du fonds servant.

De tout ceci il résulte que les jurisconsultes romains avaient généralisé l'idée de cette nécessité d'une cause naturelle et perpétuelle ; et qu'entre autres applications des plus exactes, la main d'homme, de quelque part qu'elle advînt, n'était pas admise par eux, comme constituant cette cause perpétuelle.

3° Enfin toute servitude prédiale est indivisible, sans que cela veuille dire que l'avantage résultant de la servitude est toujours essentiellement indivisible ; mais toute servitude prédiale est indivisible, en ce sens qu'il est impossible de comprendre qu'une servitude de cette espèce existe au profit ou à la charge d'une part indivise. Lorsqu'un fonds appartient par indivis à Primus et à Secundus, on ne comprend pas que la part de Primus puisse avoir une qualité bonne ou mauvaise, que n'aurait pas celle de Secundus ; une servitude, étant une qualité du fonds, ne saurait affecter l'une sans affecter l'autre (Ulpien, D. Loi 2, *Communia prædiorum*). Si le fonds au profit duquel existe une servitude appartient par indivis à deux personnes par le fait de l'une d'elles, la servitude qui évidemment ne peut pas s'éteindre pour le tout ne peut pas non plus s'éteindre pour sa part ; enfin Paul raisonne toujours dans le même ordre d'idées lorsqu'il dit : « Si votre « fonds me doit une servitude, et que je devienne propriétaire « d'une partie de ce fonds, ou vous, d'une partie du mien, la « servitude subsistera partiellement ; encore bien qu'elle n'ait « pu être ainsi constituée. » (Loi 8, § 1er, D. *de servitutibus*.)

CHAPITRE II.

DIVISION DES SERVITUDES PRÉDIALES.

Nous savons désormais ce que l'on entend par servitudes prédiales : nous en connaissons les principaux caractères ; voyons maintenant comment on les divise.

On distingue les servitudes de fonds ruraux et celles de fonds urbains, ou, pour parler plus brièvement, les servitudes rurales et les servitudes urbaines. De cette division, en apparence fort claire, naissent cependant de très-grandes difficultés dans l'application. Lorsqu'il ne s'agit que de connaître la nature de l'héritage en lui-même, on est peu embarrassé ; on appelle propriété rurale, non-seulement les champs, mais encore les bâtiments d'exploitation qui en font partie ; de même on nomme propriétés urbaines, non-seulement les bâtiments de ville, mais encore les cours et jardins qui en sont l'accessoire. Il en est autrement quand il s'agit d'apprécier la nature des servitudes : il faut alors en tous lieux distinguer le sol de la superficie, c'est-à-dire le terrain, des édifices et généralement de tout ce qui peut être élevé au-dessus : de sorte que c'est à la superficie, c'est-à-dire à tout ce qui est construit, édifié au-dessus du sol, quelque part que ce soit, à la ville ou à la campagne, que se rapporte le caractère des servitudes urbaines, et au sol celui des servitudes rurales. Cette règle est parfaitement consacrée par les textes : *Cæterum etsi in villa ædificia sunt æque servitutes urbanorum prædiorum constitui possunt* (Ulpien, Loi 1 au D. *Communia prædiorum*).

Dire que les servitudes, *ædificiis, inherent,* assurément ce n'est pas s'exprimer en termes bien clairs ; le même reproche peut être fait à Paul, quand il nous dit que ces servitudes, *in superficie consistunt.* Dirons-nous en effet que la servitude est urbaine ou rurale, suivant qu'elle existe au profit d'un bâtiment ou d'un terrain ? Non, et c'est une semblable méprise qui a amené dans notre Code civil l'art. 687, avec sa distinction des servitudes urbaines ou rurales, qui, telle qu'elle y a été entendue, y est restée sans aucune espèce d'utilité possible, tandis qu'elle en avait tant dans la législation romaine. La servitude de passage, en effet, nous est toujours présentée comme rurale, sans distinguer si elle est établie au profit d'un bâtiment ou d'un fonds de terre. Nous attacherons-nous alors au caractère du fonds servant pour déterminer celui de la servitude? Non, très-certainement : car nous voyons que la servitude de gouttière, le *jus stillicidii avertendi in aream*, est une servitude urbaine, bien que le fonds servant soit un terrain non bâti (Gaius, loi 2, au D. *de servit. præd. urb.*).

§ 1.

Comment on détermine si la servitude est urbaine ou rurale.

Je vais de suite formuler la règle générale, ou du moins celle à laquelle il me semble que les jurisconsultes romains se sont attachés.

Toute servitude à laquelle vous ne pouvez songer sans que l'idée de construction se présente à votre esprit, est urbaine, alors même qu'il n'existe pour le moment aucune construction ; au contraire, est rurale la servitude que vous pouvez concevoir sans qu'elle appelle nécessairement dans votre esprit l'idée de construction.

Cette règle va rendre plus facile la solution de la question que nous nous sommes posée, à savoir : comment on détermine si la servitude est urbaine ou rurale? C'est par la servitude elle-même, répond M. Ortolan, par la nature qui lui est propre, nature qui est invariable, et qui ne dépend pas de ce que les propriétaires se mettent à bâtir ou à démolir sur l'un ou l'autre fonds. La solution la plus claire que l'on puisse désirer nous est fournie par ce fragment de Paul, inséré au Digeste, et que nous accusions tout à l'heure, avec raison, d'être assez obscur : *servitutes prædiorum, aliæ in solo, aliæ in superficie consistunt :* ce qui veut dire qu'il est des servitudes qui prennent leur existence, leur élément essentiel et constitutif, leur consistance, pour employer l'expression romaine, dans l'idée de sol : *in solo consistunt*, indépendamment de toute construction, plantation, édification, ou superposition quelconque, choses accessoires qui peuvent se rencontrer ou ne pas se rencontrer sur les fonds, sans changer la nature de ces servitudes : telles sont celles de passage, puisage, pacage. Il en est d'autres, au contraire, qui puisent leur élément essentiel et constitutif, leur consistance, dans l'idée de superficie, c'est-à-dire d'une superposition quelconque au-dessus du sol, idée indispensable pour qu'elles existent : telles sont celles de vue ou de gouttière. Les premières sont servitudes rurales; les secondes, servitudes urbaines. Remarquons que ces dernières peuvent exister même sans qu'il y ait aucun bâtiment sur l'un ou l'autre fonds : par exemple, si j'établis au profit de mon champ la servitude que vous ne bâtirez pas sur le vôtre, il n'y a d'édifice nulle part, mais l'idée négative de bâtiment, de superficie, forme l'élément, constitutif, la consistance de la servitude.

Mais quelle est en droit l'utilité de cette distinction entre les servitudes? Y a-t-il donc un véritable intérêt pratique à savoir si telle servitude est urbaine ou rurale? Oui, et même à plusieurs points de vue.

1º Les servitudes urbaines, comme en général toutes choses incorporelles, étaient avant Justinien *res nec mancipi*. Les servitudes rurales, au contraire, étaient *res mancipi*. Il en résultait dès lors que l'on pouvait, au moyen d'une mancipation, constituer sur son fonds, et au profit d'un autre, une servitude rurale, mais non une servitude urbaine.

2º Une servitude rurale s'éteint par cela seul qu'on est resté un certain temps sans l'exercer (*non utendo tollitur*); la servitude urbaine qui, en général, a un caractère de continuité qui peut s'exercer sans le fait actuel de l'homme, ne s'éteint point par le simple non usage; il faut que le propriétaire du fonds servant *usucape* la liberté de son fond : il faut qu'il fasse un acte contraire à la servitude, et que les choses restent un certain temps dans cet état. (D. Loi 6, *de servit. urb. præd.*)

3º Le propriétaire d'un fonds dominant ne peut jamais engager ou hypothéquer isolément, c'est-à-dire sans le fonds, le droit de servitude qui lui appartient : c'est la conséquence nécessaire de la règle déjà posée, qui exige que le droit de servitude, une fois constitué au profit d'un fonds, ne puisse pas être détaché de ce fonds pour être appliqué à un autre. On se demande alors quel peut être le sens de la différence signalée au point de vue du gage et de l'hypothèque, entre les servitudes urbaines et les servitudes rurales dans les lois 11, §§ 3 et 12, du titre *de pignoribus et hypothecis* au Digeste? La question examinée dans ces textes, est celle de savoir si le propriétaire d'un immeuble peut convenir avec son créancier, que celui-ci, non payé à l'échéance, aura le droit de constituer une servitude sur ledit immeuble, au profit d'un voisin, de manière à obtenir son payement au moyen du prix de cette constitution. Suivant Marcien, la convention dont il s'agit est impossible pour une servitude urbaine; pour une servitude rurale, au contraire, Pomponius et Paul l'admettent, en raison de son utilité pratique. Quelle peut être la cause de cette différence? Voici l'opinion de M. Demangeat sur cette question.

« Probablement, dit-il, elle réside dans ce fait, qu'en gé-
« néral une servitude urbaine à constituer sur tel immeuble
« ne peut pas convenir à un grand nombre de voisins : il se-
« rait à craindre que le créancier non payé à l'échéance, s'il
« mettait en vente une pareille servitude, ne trouvât pas d'en-
« chérisseurs; au contraire, on comprend qu'une servitude
« de passage ou d'aqueduc sur tel fonds de terre puisse
« présenter une grande utilité pour un certain nombre de
« voisins. »

Nous voyons, dès lors, qu'il y a un triple intérêt pratique à savoir si telle servitude est urbaine ou rurale, et nous pouvons maintenant aborder l'étude de ces différentes servitudes.

§ II.

Principales servitudes rurales.

Avant d'énumérer ces servitudes, commençons par remarquer que toutes celles de cette classe, considérées au point de vue actif, sont positives, et que, par conséquent, au point de vue passif, elles consistent *in patiendo*.

En tête des servitudes rurales, Ulpien, au livre 2 de ses Institutions (D. Loi 1° *de servit. præd. rust.*), nous signale les quatre suivantes, qui sont certainement les plus anciennes : *iter, actus, via, aquæductus*. Les trois premières correspondent à ce que nous appelons la servitude de passage; mais pour comprendre la différence qui existe entre elles, il faut se faire une juste idée de ces trois mots: *iter, actus, via*, et connaître leur véritable signification.

Iter. C'est le passage des personnes, le *jus eundi, ambulandi hominis, non etiam jumentum agendi vel vehiculum*; la servitude *itineris* comprend même le droit de passer à cheval (D. Loi 12, *de servit. rust. præd.*). Ainsi, dans *iter*, le but essentiel est de passer.

Actus. C'est le droit de faire passer une bête de somme ou un chariot; c'est donc plus qu'*iter*: aussi, Justinien, après Ulpien, s'exprime ainsi : *Qui habet iter, actum non habet; qui actum habet, et iter habet, eoque uti potest etiam sine jumento*. Dans *actus*, le but essentiel est de conduire, mais il se borne là.

Via, c'est le *jus eundi, agendi, et ambulandi*; ce droit contient quelque chose de plus que ceux de sentiers et de chemins : car celui qui a seulement le droit de sentier ne peut que passer ; celui qui a le droit de chemin peut conduire un char ou une bête de somme, mais ni l'un ni l'autre n'ont le droit de voiturer des pierres ou des bois de charpente. Quelques jurisconsultes prétendent qu'ils ne peuvent même pas porter une perche droite, *nec hastam rectam ei ferre licere*, parce que ce n'est là ni marcher, ni conduire une voiture, et que cette perche droite peut nuire aux fruits ; celui qui a le *jus viæ* ; au contraire, a le droit de conduire une bête de somme, il peut, d'après certains jurisconsultes, voiturer du bois et des pierres et porter une perche droite, pourvu toujours qu'il ne nuise pas aux fruits (Loi 7, D. *de servit. præd. rust.*).

Il existe encore une différence entre la voie d'une part, le sentier et le chemin de l'autre. La largeur du chemin ou du sentier n'est pas fixée par la loi ; les parties devront la déterminer dans le titre, sinon elle sera réglée par arbitre ; la largeur de la voie, au contraire, est fixée par la loi, dans le cas où les parties ne l'auraient pas déterminée (Loi 13, § 2, D. *de servit. præd. rust.*) : elle est alors de huit pieds dans la voie droite et dans les détours de seize. Rien n'empêche d'ailleurs de convenir d'une largeur plus ou moins grande, pourvu qu'elle suffise à l'exercice de tous les droits qui forment l'essence de la *via* : car autrement, si le chemin, assez large pour le passage des bestiaux, était trop étroit pour celui des voitures, il n'y aurait plus *via*, mais bien *actus*. (Loi 23, D. *de serv. præd. rust.*)

Je viens de mentionner plus haut, en énumérant les servitudes rurales, celle d'aqueduc : or, la servitude *aquæductus*, est le droit d'amener l'eau à son fonds, en la faisant passer par celui du voisin. Deux conditions sont susceptibles de s'y rencontrer : 1° le propriétaire du fonds servant peut être empêché de retenir les eaux d'une source qui jaillit naturellement, et cependant le droit commun le lui permet. (Loi 10 au Code *de servit. et aqua.*)

2° Elle donne ordinairement au propriétaire du fonds auquel elle est due le droit de faire, dans le fonds de celui qui la doit, l'ouvrage nécessaire pour l'exercer ; mais on a décidé, avec raison, que les eaux qui font l'objet d'une servitude ne devraient être conduites par un canal de pierres que dans le cas où la constitution du droit de s'en servir en ferait mention; car autrement il n'est pas d'usage que celui qui a droit à un aqueduc le construise en pierres. Si le titre constitutif de la servitude ne dit pas de quelle manière l'aqueduc sera construit, on l'établira suivant l'usage au moyen de tuyaux, mais toujours de manière à ce qu'il ne cause aucun dommage au propriétaire du fonds servant. (Loi 17, § 1, D. *de aqua et aquæd.*)

Pour ce qui est de la quantité d'eau à conduire, si elle n'est pas déterminée par la constitution de la servitude, on se conforme à l'usage plutôt qu'au besoin du fonds pour lequel la servitude est établie; c'est du moins ce que nous trouvons dans un rescrit des Empereurs Dioclétien et Maximien ainsi conçu : *Non modus prædiorum, sed servitus aquæ ducendæ terminum facit* (Loi 12 au Code *de servit.*).

De sa nature, la servitude d'aqueduc est rurale; mais elle pourrait être urbaine si, par exemple, l'eau était destinée exclusivement à l'usage des personnes qui habitent une maison.

Après avoir déterminé la nature des servitudes de sentier, de chemin et d'aqueduc, demandons-nous par quelle partie du fonds servant nous pouvons les exercer. Évidemment, si cette partie a été déterminée, il ne nous sera pas possible d'exercer par ailleurs nos servitudes; mais il peut se faire qu'il en soit autrement, et alors il faudra examiner à quel titre la servitude a été établie. Si c'est *per damnationem*, comme le dit Pothier, et que le sentier, le chemin, la voie ou l'aqueduc aient été simplement légués sur un fonds, l'héritier sera le maître d'établir la servitude sur telle partie du fonds qu'il voudra, pourvu cependant que le légataire n'en soit pas lésé (Loi 26, D. *de servit. præd. rust.*); c'est le contraire, si la servitude a été établie entre vifs ou par le legs de vindication; a-t-on désigné le lieu sur lequel on établissait la servitude de passage, sans en déterminer la largeur, on pourra jouir de la servitude sur toutes les parties du lieu désigné. Si ce lieu n'a pas été indiqué, non plus que la largeur du passage, on pourra le prendre sur le fonds à son choix, mais seulement de la largeur déterminée par la loi, et s'il s'élève quelque doute pour le choix du lieu, il sera soumis au jugement d'un arbitre (Loi 13 § 3, D. *de servit. præd. rust.*).

Celui à qui une servitude est due, pouvant en user à son gré sur tout le fonds servant, certaines parties seulement étant exceptées, il s'en suit que jusqu'à ce qu'il ait choisi l'endroit par où il en usera, le fonds entier sera soumis à la servitude. Ceci a lieu lorsque la servitude n'est établie que pour un fonds qui n'a qu'un seul maître; mais supposons qu'un sentier ait été légué pour l'accession d'un fonds appartenant à deux propriétaires; jusqu'à ce que l'un et l'autre soient convenus de l'endroit où ce sentier devra être établi, la servitude ne pourra ni s'acquérir, ni se perdre.

Les Instituts, après Ulpien, indiquent encore comme servitudes rurales, les droits de puisage, d'abreuver un troupeau, de faire paître, de cuire de la chaux et d'extraire du sable (Ulpien, loi 1 § 1, D. *de servitud. præd. rust.*). On peut aussi acquérir, à titre de servitude, le droit d'extraire de la pierre dans le fonds d'autrui.

Il est également permis d'établir une servitude par laquelle les bœufs servant à la culture des champs pourront paître dans le terrain voisin : telle est la pensée de Nératius. Mœcianus va même plus loin quand il dit que je puis grever votre fonds d'une servitude, consistant dans le droit d'y construire une cabane, et j'entends par là une cabane portative n'adhérant pas au sol, et destinée à mettre mes troupeaux à l'abri du mauvais temps, pourvu toutefois que j'aie le droit de les faire paître sur ce même fonds, ou de les y abreuver (Loi 6 § 1, D. *de servit. præd. rust.*). J'en ai fini avec les servitudes rurales; je crois avoir exposé les plus importantes, et je passe de suite aux servitudes urbaines.

§ III.

SERVITUDES URBAINES.

Remarquons, tout d'abord, que, considérées au point de vue actif, les unes sont positives et consistent *in habendo*, tandis que les autres sont négatives, et consistent *in prohibendo* : ce qui revient à dire que, considérées au point de vue passif du côté du propriétaire du fonds servant, les unes consistent *in patiendo*, les autres *in non faciendo*.

A titre d'exemple de servitudes urbaines, les Instituts nous citent les suivants : *Oneris ferendi, tigni immittendi, stillicidii vel fluminis recipiendi, vel non recipiendi, non altius tollendi*.

Reprenons successivement ces différentes servitudes.

Oneris ferendi. Cette servitude consiste en ce que le pilier du voisin ou sa muraille supporte le poids de l'édifice dominant. Elle ne paraît différer des autres qu'en un seul point : elle consiste bien principalement à souffrir quelque chose comme le veut la nature de toutes les servitudes, mais le propriétaire du fonds servant est tenu *ad faciendum*, c'est-à-dire qu'il doit entretenir son mur ou son pilier en état de supporter le bâtiment. Cette particularité tient sans doute à la formule employée autrefois pour constituer la servitude dont il s'agit, *paries oneri ferendo uti nunc est ita sit*. Paul dit en effet : Prétendre que le mur qui soutient le poids de la maison restera dans le même état où il se trouve, c'est bien faire comprendre qu'il devra être perpétuellement maintenu en état de supporter le poids qui lui est imposé; or, on n'a pas pu raisonnablement dire que le même pilier subsisterait toujours, ce qui était impossible; il faut donc forcément arriver à cette conclusion : que le propriétaire du fonds servant est obligé de faire quelque chose pour maintenir le pilier dans le même état. Dans notre droit actuel, le propriétaire du fonds servant n'est, dans aucun cas, tenu de plein droit *ad faciendum*, mais il peut toujours être chargé, par le titre de faire à ses frais les ouvrages nécessaires pour l'usage ou la conservation de la servitude; il peut du reste, en droit français comme en droit romain, s'affranchir de la charge en abandonnant le fonds assujetti. (C. N. 698-699. D. liv. 8, t. 5, l. 6, § 2, Fragm. d'Ulpien.)

Tigni immittendi. Cette servitude consiste dans le droit de faire porter des poutres sur le mur d'autrui, fait qui n'est permis à personne, à moins qu'il en ait acquis le droit; pourtant, si deux maisons sont bâties sous la même charpente, l'un et l'autre des propriétaires doivent supporter les poutres appuyées sur le mur commun : tel est l'avis de Papinien (Loi 36, D. *de servit. urb. præd.*). La servitude *tigni immittendi* se constitue de différentes manières : ou bien c'est pour permettre simplement de poser des poutres, et alors le cessionnaire peut user de cette permission à son gré; ou bien c'est pour permettre de renouveler celles qui existaient déjà; et si, alors que le mur m'appartenait, j'ai souffert que vous y fissiez porter les poutres qui y étaient déjà, en vertu d'un droit préexistant, et que vous voulussiez lui en faire supporter de nouvelles, je puis vous en empêcher et vous forcer de retirer même celles que vous auriez déjà mises. (Loi 14 au D. *si servit. vind.*)

Cette servitude diffère de la précédente, c'est-à-dire de la servitude *oneris ferendi*, en ce qu'elle ne donne pas le droit de forcer aux réparations le voisin qui est seulement tenu de supporter la charge. Nous pouvons rapprocher de cette servitude celles connues sous les noms de *projiciendi* et *protegendi* : ce sont les droits de faire avancer quelque chose, une poutre par exemple sur le sol du voisin, de façon qu'elle ne repose pas sur sa maison.

Je termine sur ce point en disant qu'il n'est pas permis, sans en avoir le droit, de faire rien porter sur le fonds d'autrui, ni l'incommoder, même par la fumée (Loi 8, § 5, D. *si servit. vind.*), et je passe à la servitude *stillicidii vel fluminis recipiendi.*

Avant d'entrer dans les détails, je crois utile de bien déterminer le sens des mots *stillicidium* et *flumen*. Heineccius fait observer qu'on appelait *stillicidium* l'eau qui tombe naturellement des toits goutte à goutte, et *flumen*, l'eau recueillie dans une gouttière qui en verse beaucoup à la fois. La servitude *stillicidii vel fluminis recipiendi* existe lorsque le propriétaire d'une maison a le droit d'envoyer chez le voisin l'eau qui tombe sur son toit : aussi on emploie le verbe *avertere* ou le verbe *recipere*, suivant que l'on considère la servitude comme un droit ou comme une charge; le propriétaire du fonds dominant *avertit* : car pour lui c'est un avantage; le propriétaire du fonds servant *recipit*, il supporte une charge, et c'est là qu'il y a servitude.

Le propriétaire du fonds servant a la faculté de bâtir sur son terrain, pourvu toutefois qu'il ne mette pas obstacle à l'exercice de la servitude: ainsi, celui qui construit sur le lieu où tombe une gouttière peut prolonger son bâtiment jusqu'à l'endroit où cette eau coule; mais si cette même gouttière tombe déjà sur un bâtiment, il a la liberté de bâtir au-dessus, pourvu que l'eau n'en tombe pas moins librement (Loi 20, § final, D. *de servit. urb. præd.*).

A côté de cette servitude nous en trouvons une autre, qui en est pour ainsi dire le corollaire, mais dont la nature est loin d'être bien déterminée, et, vis-à-vis de la première, on peut dire qu'elle joue à peu près le rôle d'une exception, par rapport à une action : c'est la servitude *stillicidii vel fluminis non recipiendi;* du reste, il paraît que cette servitude, quelle qu'elle fût, n'était pas fort en usage, car il n'en est question que dans un passage des Institutes, bien que plusieurs fragments du Digeste soient relatifs à la servitude *stillicidii recipiendi*.

Non altius tollendi : c'est le droit d'empêcher un voisin d'exhausser son édifice; il comprend même celui d'empêcher qu'on ne bâtisse à une très-grande hauteur, *ne luminibus vicini officiatur*. (Loi 12, D. *de servit. urb. præd.*) La servitude *ne luminibus officiatur* paraît être considérée comme un droit distinct un peu plus étendu que la servitude *non altius tollendi*: car celui qui en jouit peut non-seulement empêcher d'exhausser un édifice; mais encore si le propriétaire du terrain servant plante des arbres qui interceptent le jour, il faudra décider que cette plantation est également contraire à la servitude dont il est grevé, puisque des arbres empêchent aussi de voir le jour (Loi 17, D. *de servit. urb. præd.*). Nous devons également distinguer la servitude *ne luminibus officiatur* et celle *ne prospectu offendatur*: le jour consiste dans la faculté de voir le ciel, et il y a certainement une grande différence entre le jour et le point de vue; le point de vue peut avoir pour objet des choses placées dans un lieu inférieur, tandis que le jour vient toujours d'en haut.

Tout à l'heure, à côté de la servitude *stillicidii recipiendi*, nous avons trouvé la servitude *stillicidii non recipiendi*: de même, à côté de la servitude *altius non tollendi*, nous trouvons la servitude *altius tollendi*. La manière de construire les édifices à Rome, et surtout leur hauteur, étaient déterminées par les lois. Auguste, par exemple, avait décidé qu'on ne pourrait élever un édifice à plus de soixante pieds; Néron, après un incendie, avait ordonné de restreindre la hauteur des maisons. Aurélius Victor nous apprend que Trajan avait fait des règlements à cet égard. Tout cela était aussi réglé par l'usage des lieux, et nous avons un rescrit des empereurs Sévère et Antonin, qui fait mention de la coutume observée par rapport à la forme et à la hauteur des édifices. (Loi 1, au C. *de ædificio privato*.)

Il est probable que le *jus altius tollendi*, conféré par une servitude, était celui d'élever sa maison plus que l'usage des lieux ne le permettait. M. Demangeat est d'un avis contraire: il croit que ce qui a été établi dans un but d'utilité générale ne peut être défait par la volonté des particuliers. Ce droit avait cependant des limites: celui à qui il est permis de bâtir à une plus grande hauteur que celle en usage, par suite d'une servitude, a le droit d'élever sa construction à la hauteur qu'il voudra, pourvu toutefois que les édifices moins élevés n'en souffrent pas plus qu'ils ne le doivent. (Loi 21, *D. de servit. urb. præd.*)

Cette servitude ne peut avoir lieu que là où une coutume a fixé la hauteur au-dessus de laquelle les édifices ne pourront être élevés sans le consentement du voisin ; et dans les lieux où il n'existe pas de coutume à ce sujet, chacun peut élever sa maison autant qu'il lui plaît. Les empereurs Dioclétien et Maximien disent également, que le propriétaire d'une maison ne peut être empêché de l'exhausser, à moins que cette maison soit grevée de la servitude contraire. (Loi 8 au Code *de servit. et aqua.*)

Il ne me reste plus que quelques mots à dire sur la servitude *luminum* et j'en aurai fini avec les servitudes urbaines.

On acquiert par la servitude *luminum* le droit d'ouvrir des fenêtres sur le voisin, c'est-à-dire de le forcer à souffrir ces ouvertures que nous n'aurions pas eu le droit de pratiquer sans cette servitude ; et Paul dit que ceux qui n'ont pas le droit d'ouvrir des jours n'ont pas non plus le droit de le faire dans un mur commun. (Loi 40, D. *de servit. urb. præd.*)

CHAPITRE III.

COMMENT S'ÉTABLISSENT LES SERVITUDES PRÉDIALES.

Les servitudes prédiales s'établissent toujours par voie de *translatio* ou par voie de *deductio*. Il y a *translatio*, lorsque je grève mon fonds d'un droit de servitude au profit du voisin. Il y a *deductio*, lorsqu'en aliénant un de mes fonds, je réserve sur lui un droit de servitude en faveur d'un autre fonds dont je retiens la propriété.

Après cette donnée générale, je dirai que les servitudes, d'après le texte des Instituts, peuvent s'établir *mortis causa* ou *inter vivos*, par les pactes et les stipulations, les testaments, l'usage et l'adjudication en certains cas.

Nous ne nous placerons dans nos explications qu'à l'époque et sous le système législatif de Justinien, où les moyens civils d'acquérir de l'ancien droit, la *mancipatio*, l'*in jure cessio* n'existent plus; où la tradition est devenue pour toutes les choses corporelles un moyen d'en transférer la propriété, et où tout le sol de l'empire participe au même droit, sans distinction entre le sol provincial et le sol italique. Mais avant d'aborder cette étude, il ne sera pas inutile de jeter en arrière un coup d'œil rapide, et d'examiner de quelle manière s'établissaient les servitudes avant Justinien.

Il faut tout d'abord distinguer soigneusement le sol italique qui est admis à la participation du droit civil, et le sol provincial qui en a été exclu. Le sol italique est seul susceptible d'un véritable *dominium* (*dominium ex jure Quiritium*), et par conséquent de véritables servitudes tant personnelles que réelles, puisque les servitudes ne sont que des démembrements, des fractions du domaine.

Si nous nous demandons quels sont les moyens civils d'acquérir le domaine, nous trouvons :

1º La mancipation, qui s'appliquait aux servitudes rurales pour l'acquisition desquelles la seule convention était insuffisante;

2º La *cessio in jure*, qui remplaçait la mancipation pour les servitudes urbaines, parce que ces dernières ne pouvaient être mancipées;

3º L'usucapion jusqu'à la loi Scribonia : car depuis cette loi elle n'avait plus lieu en cette matière. (D. 41, 3, 4 § 29, Paul.)

4º L'adjudication qui s'appliquait aux servitudes tant réelles que personnelles, dans les *judicia legitima*. (*Vaticana fragm.*, § 47.)

5º Enfin la loi leur était également applicable. Et nous retrouvons ici les différences entre les legs qui transfèrent un droit réel *per vindicationem*, et ceux qui ne font qu'obliger l'héritier *per damnationem*.

Les moyens d'acquérir étaient, en règle générale, les mêmes pour le domaine que pour les servitudes, sauf pourtant une différence, savoir : que la tradition, moyen du droit des gens, suffisante pour donner le domaine des choses *nec mancipi*, ne l'était jamais pour les servitudes ; quant à ces dernières, il faut dire encore qu'on pouvait, dans la *cessio in jure*, ou dans la mancipation d'un objet, réserver sur cet objet une servitude, *servitutem excipere*, et par cette réserve, la servitude se trouvait constituée. (*Vaticana fragm.*, § 47 Gaius : 2, § 33.)

Mais si la réserve n'eût été mise que dans l'acte de vente, et non dans la *cessio in jure*, ou dans la mancipation, la servitude n'eût pas été acquise ; même la réserve faite dans la simple tradition des choses *nec mancipi* n'aurait pas suffi pour établir la servitude, bien que cette tradition eût transféré le domaine de la chose.

Ainsi, en nous résumant, on voit que non-seulement la convention ne suffisait pas pour établir la servitude, mais que la quasi-tradition elle-même n'aurait point eu ce résultat ; il fallait nécessairement un mode civil d'acquisition.

Telles étaient les règles dans l'Italie, et pour les objets participant au *jus italicum* ; quant au sol provincial, placé en dehors du droit civil, n'étant pas susceptible d'un véritable *dominium*, il ne pouvait l'être de ses divers fractionnements. Ainsi, selon le droit strict, il ne pouvait pas plus exister de véritables servitudes sur les fonds provinciaux qu'il n'y avait de véritables propriétés ; mais comme ce principe, pour ainsi dire abstrait, que la propriété du sol provincial était au peuple ou à César, avait pour effet principal l'obligation au tribut ; que du reste en réalité les possessions provinciales qui étaient protégées à peu près de la même manière que celles situées sur le sol italique, par les Constitutions prétoriennes, de même les servitudes, sans y exister rigoureusement *jure civili*, y étaient introduites *jure prætorio*, soit au moyen des interdits utiles possessoires, soit au moyen de l'action publicienne.

Comment alors parviendra-t-on à établir ces servitudes sur le sol provincial? Il faudra, dit Gaius, avoir recours à des pactes et à des stipulations, et encore ce sera seulement en ce sens, que celui qui les promettra sera obligé à ne pas mettre obstacle à leur exercice. Par une interprétation moins rigoureuse, on admet la quasi-tradition comme donnant le droit réel, du moins autant qu'il peut exister en province, c'est-à-dire au moyen des interdits utiles et de la publicienne.

Sous Justinien, l'adjudication, l'usucapion et le legs sont restés plus ou moins modifiés comme moyen d'acquérir. La mancipation, et l'*in jure cessio* ont totalement disparu; ce qui était jadis le droit des provinces est en quelque sorte sous plusieurs rapports devenu le droit général.

§ I.

Des différentes manières dont s'établissent les servitudes réelles.

Revenons maintenant au temps de Justinien :

I. Les servitudes, avons-nous dit, peuvent s'établir *mortis causa*, c'est-à-dire par testament; un testateur, en effet, peut obliger son héritier à ne pas exhausser la maison qu'il lui laisse, *ne luminibus ædium vicinarum officiat*, ou à souffrir qu'on appuie des poutres sur le mur de la sienne; à recevoir des gouttières ou à permettre sur son fonds et celui de son héritier, un passage, un chemin ou un aqueduc (Loi 16, au D. *communio præd.*). Dans tous ces cas, il y a *translatio* : il peut y avoir aussi *deductio*, lorsque le testateur, en léguant la propriété du fonds Cornélien, ajoute que ce fonds sera grevé d'une servitude au profit du fonds Sempronien qui reste à l'héritier (Loi 19, au D. *de usuf. et quemadm.*).

II. On pouvait, il est vrai, avant Justinien, établir au profit de son voisin une servitude, soit par *in jure cessio*, soit quand il s'agissait d'une servitude rurale, par mancipation. Celui qui, ayant deux fonds voisins, aliénait l'un d'eux par mancipation ou par *in jure cessio*, pouvait toujours faire déduction d'une servitude tant urbaine que rurale, au profit du fonds qu'il gardait; ou bien, au contraire, convenir que ce dernier fonds devrait une servitude à l'autre. La servitude urbaine, qui ne pouvait être transférée par la mancipation, pouvait, aussi bien que la servitude rurale, être *deducta in fundo mancipato* (Loi 3, D. *comm. præd.*). Mais ici, à l'époque de Justinien, époque à laquelle la mancipation et la *cessio in jure* ont complétement disparu, la servitude existe, elle est établie comme droit réel par l'effet de la tradition, parce que la propriété elle-même a été transférée avec cette augmentation ou cette diminution.

III. L'adjudication est aussi un moyen de constituer les servitudes : elle a lieu lorsque, dans l'action en partage d'une hérédité ou d'une chose commune, le juge, en adjugeant à chacun son lot, établit une servitude sur un fonds ou sur une partie d'un fonds, au profit d'un autre; l'adjudication, qui transfère la propriété, en transfère aussi les démembrements et établit la servitude comme droit réel.

IV. Les anciens auteurs, et particulièrement Lalaure, dans son savant traité des servitudes, reconnaissent que, dans le droit romain primitif, les servitudes pouvaient s'acquérir par l'usucapion, quant aux servitudes urbaines, mais non quant aux servitudes rurales, parce qu'elles n'avaient point une cause continue; l'usucapion a même cessé d'avoir effet en matière de servitudes urbaines, à partir de la loi Scribonia, dont quelques auteurs contestent l'existence, et que d'autres placent en 720, sous le triumvirat d'Antoine, d'Octave et de Lépide.

Mais les préteurs, les présidents intervinrent et donnèrent dans certains cas des actions utiles, des interdits, pour protéger les droits de ceux qui jouissaient depuis longtemps; et les Constitutions impériales confirmèrent cette juridiction. Ici se présente toute l'importance de la distinction par nous établie entre les servitudes urbaines et les servitudes rurales : les premières, offrant un caractère continu, sont en général celles qu'on peut acquérir par un long usage ; *servitutes quæ in superficie consistunt possessione retinentur* (L. 20, D. *de servit. urb. præd.*). Il n'en est pas de même des servitudes rurales. Disons cependant que l'on trouve dans le Code Théodosien (L. 15, t. 2, loi 7 ; au Digeste, l. 8, t. 5, loi 10 ; fragm. d'Ulpien ; l. 39, t. 3, loi 26, et dans le Code de Justinien, l. 3, t. 34, Constit. d'Antonin) de nombreux passages, qui prouvent le soin tout particulier qu'on avait pris pour confirmer les droits de prises d'eaux établis par un long usage. Aucun texte n'exige que la possession soit fondée sur une juste cause ; il suffit qu'elle ne soit ni violente, ni clandestine, ni précaire : *nec vi, nec clam, nec precario*. Rien ne prouve, non plus, que le temps de la possession ût fixé ; il devait dépendre de l'appréciation des circonstances et de la nature des servitudes. Tous les textes se servent des expressions *longa consuetudo*, *longi temporis consuetudo*, *usu cujus origo memoriam excessit*. La question de savoir si ce temps fut fixé par Justinien, ou avant lui, à dix ans entre présents et vingt ans entre absents, comme pour la prescription des choses immobilières, est très-controversée. Si l'on admet que la prescription par dix ou vingt ans d'usage ait été ainsi étendue à l'acquisition des servitudes prédiales, à l'exemple de celle des choses immobilières, il faut dire que, dans ce cas, les conditions nécessaires pour cette prescription doivent se trouver réunies, et qu'alors, outre l'usage et la bonne foi, il faut une juste cause d'acquisition.

V. D'après le droit prétorien, une servitude peut être acquise *quasi-traditione*, *patientia*, lorsque mon voisin me met à même de l'exercer sur son fonds : *traditio plane*, dit Ulpien, *et patientia servitutum inducet officium prætoris* (Loi 1re, § 2, *de serv. præd. rust.*). Du reste, on peut prouver que cette acquisition prétorienne n'était pas encore reconnue par les empereurs (Loi 20, D. *de servit.*).

VI. De même que sur les fonds provinciaux il ne peut y avoir, au profit d'un particulier, un véritable *dominium*, de même il ne peut y avoir de véritables servitudes; cependant on était arrivé à constituer à peu près l'équivalent des servitudes, au moyen des pactes, *pactionibus efficere potest*, dit Gaius (Commentaire 2, § 31 *in fine*). Ce qui dans l'ancien droit s'appliquait aux fonds provinciaux s'applique dans le droit de Justinien à tous les immeubles, en quelque lieu qu'ils soient situés : *si quis velit vicino aliquod jus constituere, pactionibus atque stipulationibus, id efficere debet* (Institutes, § 4, *de servit.*). Nous ne pouvons nous dispenser de dire quelques mots de ce dernier moyen d'acquérir une servitude.

La véritable explication se trouve, selon nous, dans la paraphrase de Théophile : il ne fait pas des pactes et des stipulations, deux moyens distincts d'acquérir la servitude, dont l'un ou l'autre pourrait être employé, mais deux moyens qui concourent ensemble, *pactionibus atque stipulationibus*, dit le texte, et non pas : *pactionibus vel stipulationibus*; il suppose que les propriétaires de deux fonds voisins conviennent d'établir une servitude sur l'un au profit de l'autre, et que pour sanctionner ce pacte, ils ont recours à une stipulation. Promets-tu de souffrir telle servitude ? — Je le promets. — Théophile ajoute même dans son exemple, pour plus de sécurité, une clause pénale : Et si tu y mets obstacle, promets-tu de me payer cent sous d'or à titre de peine ?

Ainsi nous le voyons, le pacte et la stipulation ne sortent pas ici des effets ordinaires des contrats, ils produisent une obligation; la servitude est due par celui qui l'a promise, il est obligé sous clause pénale de l'établir, d'en souffrir l'exercice, et on a pour l'y contraindre l'action personnelle qui naît de la stipulation; mais la servitude n'est pas établie, elle n'existe point comme droit réel; les pactes et les stipulations, impuissantes pour donner par eux-mêmes le droit de propriété, ne peuvent pas non plus conférer un fragment, un démembrement de ce droit.

Puisque nous nous occupons des différentes manières dont

s'établissent les servitudes, je ne crois pas inutile de voir s'il est possible d'opposer quelques modalités aux modes de constitution dont nous venons de parler; posons-nous à ce sujet la question suivante :

Peut-on constituer une servitude pour un temps, y mettre des conditions, et prescrire la manière d'en jouir? A cette question, nous répondrons que les servitudes ne peuvent être établies par le droit, ni à commencer d'un certain temps pour durer un certain temps, ni sous condition, ni pour un temps conditionnel : par exemple, pour durer tant que nous voudrons. Il en est autrement des servitudes personnelles, parce qu'elles constituent des droits inhérents à la personne, et il ne répugne pas de les accorder pour un temps; au lieu que les servitudes réelles sont inhérentes au fonds et ne peuvent en être séparées ni par un laps de temps, ni par l'existence d'une condition. Mais si quelques-unes de ces clauses ont été ajoutées, dit encore Papinien, on pourra opposer à celui, qui revendiquera la servitude malgré ses clauses, une exception tirée du sol ou de la convention. M. Demangeat dans son traité de droit romain, t. I, page 511, croit que Papinien fait ici abstraction du mode de constitution, ou plutôt qu'il raisonne dans l'hypothèse d'un mode de constitution, qui comme le legs admet toute espèce de modalité.

Si la servitude prédiale en droit civil ne comporte ni le terme, ni la condition, elle comporte au contraire très-bien ce qu'on appelle proprement le *modus*: ce qui le prouve, c'est le texte où Papinien continue ainsi : « Il est constant qu'on
« peut ajouter un mode déterminé aux servitudes, et spéci-
« fier par exemple comment on passera par tel endroit,
« quelle voiture on pourra y faire passer »; il dit encore :
« De ce qu'une servitude aura ses heures et ses jours, il ne
« s'ensuit pas qu'elle soit établie pour un temps; cette fixa-
« tion d'heure et de jour ne détermine que la manière dont
« on s'en servira. » (Loi 4, § 2, D. *de servitutibus*.)

§ II.

Qui peut imposer une servitude réelle et pour qui on peut l'imposer.

Le propriétaire seul peut imposer une servitude sur son fonds, et il ne peut l'imposer qu'au profit du propriétaire d'un autre fonds. Ainsi celui qui vend deux maisons en même temps, c'est-à-dire à un seul acquéreur, ou à plusieurs qui achètent en commun, ne peut établir de servitudes sur l'une en faveur de l'autre, parce qu'il n'a le pouvoir ni d'imposer de servitudes sur la maison d'autrui, ni de l'en faire bénéficier; mais il en serait autrement, s'il les vendait séparément quoique en même temps. Lorsque plusieurs sont copropriétaires de la chose, une servitude ne peut être imposée que par tous les propriétaires et pour tous : d'où il suit qu'un seul des propriétaires d'une maison commune ne peut pas y imposer de servitudes (Loi 2, D. *de servitutibus*). Cela découle du principe, en vertu duquel les servitudes réelles sont indivises, et ne peuvent pas s'acquérir partiellement. On ne peut pas non plus constituer une servitude spécialement au profit d'un des copropriétaires; si l'un d'eux par exemple stipule un passage pour aller au fonds de terre commun, cette stipulation sera nulle, parce que ce passage ne peut pas lui être accordé (Loi 19, D. *de servit. præd. rust.*). Il est bon de dire, avec Modestin, qu'on ne peut acquérir une servitude en faveur d'un fonds que l'on ne possède que partiellement; cela est en effet si vrai, que si quelqu'un ayant un fonds de terre stipule un droit de passage, et qu'ensuite il vende une portion de ce fonds, il détruit la servitude par cette aliénation, parce qu'il ramène le terrain à un état sous l'empire duquel elle n'aurait pu prendre naissance (Loi 11, D. *de servit.*). Mais il en serait autrement s'il vendait la portion qui lui appartient dans la maison commune à un de ses copropriétaires. (Loi 32, D. *de servit. præd. rust.*).

L'un des copropriétaires, à la vérité, ne peut, en vendant sa portion, grever les autres d'une servitude, pas plus que les en gratifier; mais je suppose que nous ayons en commun deux maisons : en nous livrant mutuellement ce qui nous appartient, nous pourrons très-bien établir une servitude sur l'une au profit de l'autre, absolument comme si elles appartenaient toutes les deux à l'un d'entre nous. On obtiendrait le même résultat en faisant la tradition séparément, avec cette différence cependant, que la première tradition n'aurait son effet qu'après la seconde (Loi 6, § 2, D. *comm. præd.*), et parce que l'un des deux propriétaires ne peut seul établir une servitude qu'il est impossible d'acquérir partiellement. Mais la première tradition, si celui qui l'a faite n'a pas changé de volonté, sera en suspens jusqu'à la seconde, de manière que la servitude paraîtra établie par les deux propriétaires au moyen de cette seconde tradition.

Pour l'établissement d'une servitude, il faut le consentement non-seulement de celui qui est actuellement propriétaire, mais encore celui du propriétaire qui peut survenir par la suite, en vertu de quelque condition, afin que cette condition venant à être remplie, la servitude ne s'éteigne pas (Loi 9, D. *de aqua et aquæ.*). Dans le cas où on aurait déjà établi d'autres servitudes auxquelles une nouvelle pourrait nuire, il faudra aussi le consentement de ceux à qui sont dues ces servitudes déjà établies, pour que la nouvelle soit constituée ; car il s'agit, comme on le voit, de diminuer leurs droits, et il est au moins juste qu'ils y consentent. (Loi 8, D. *de aqua et aquæ.*)

Nous venons de voir que le consentement était nécessaire pour imposer une servitude ; il a coutume d'en précéder la jouissance : par exemple le consentement à une servitude d'aqueduc doit précéder la conduite de l'eau. Mais ne pourrait-il pas se faire pourtant qu'il succédât à l'usage de cette servitude ? Il a été décidé. qu'il était indifférent qu'il eût précédé ou suivi l'établissement de la servitude d'aqueduc, parce que le prêteur doit maintenir un consentement donné, même à une chose faite. (Loi 10, § 1, D. *de aqua et aquæ.*)

§ III.

Par qui on peut acquérir une servitude pour son fonds de terre.

Nous pouvons acquérir une servitude pour notre fonds, par nous-mêmes, ou bien par les personnes qui sont en notre puissance, tel que nos esclaves; ainsi il est hors de doute qu'un corps de ville acquiert très-régulièrement une servitude pour son fonds de terre par son esclave. (Loi 12, D. *de servitutibus.*) Mais une servitude ne peut être acquise, on le comprend, par une personne étrangère. (Loi 5, D. *communia præd.*)

§ IV.

Pour quelles choses les servitudes réelles peuvent être constituées ou imposées.

Une servitude peut être constituée ou imposée de droit pour tous les fonds de terre voisins dont nous sommes propriétaires; pour ceux dont nous n'avons que la superficie, ce n'est que par le droit prétorien et non par le droit civil qu'elles peuvent être constituées : car nous savons que les servitudes ne peuvent être établies qu'en faveur du propriétaire. Or, celui qui n'a que la superficie n'est pas propriétaire; mais comme le prêteur le répute tel et lui donne l'action réelle en cette qualité, il maintient les servitudes établies à son profit ou contre lui. Ces servitudes peuvent aussi être revendiquées par des actions utiles, mais non directes, et cela se comprend, puisque la servitude ainsi établie n'est pas conforme au droit. La servitude d'aqueduc, et autres, peuvent de même être établies pour un fonds de terre en province, avec le concours de toutes les conditions nécessaires pour la constitution d'une servitude, parce que les conventions doivent être observées par ceux qui les ont stipulées. (Loi 3, au Code *de servit. et aqua.*)

Il faut bien remarquer qu'il est aussi impossible d'établir des servitudes en faveur des choses de droit divin ou public, que contre elles. Ainsi, on ne pourrait établir une servitude donnant le droit d'empêcher qu'un monument ne fût exhaussé, ou de déterminer le nombre de personnes que l'on pourrait inhumer dans un certain endroit (Loi 4, au D. *comm. præd.*). Il a cependant été établi, en faveur de la religion, qu'on pourrait conserver ou acquérir la servitude de passage pour arriver à une sépulture (Loi 14, § 1er, D. *de servit.*).

De ce que l'on ne peut acquérir ni imposer de servitudes, pour ou sur les choses qui sont de droit public, il s'en suit qu'il est impossible d'établir une servitude dont le but serait d'empêcher de faire quelque chose dans la mer. Une pareille convention peut pourtant exister par le droit des contrats ; la loi 13 au Digeste *communia prædiorum* nous en fournit un exemple, le voici : Le vendeur du fonds Géronien stipule la condition que l'acquéreur ne pourra pas faire la pêche du thon devant le fonds Botronien, qu'il possède. Bien qu'on ne puisse pas imposer de servitudes particulières sur la mer, qui appartient à tout le monde ; cependant, comme la bonne foi exige que toutes les clauses du contrat soient exécutées, les possesseurs de la terre en question et leurs successeurs seront obligés d'observer celles dont ils sont convenus.

§ V.

Une servitude de la même espèce peut-elle être constituée pour plusieurs fonds de terre ?

Une servitude de la même espèce peut parfaitement être établie pour plusieurs fonds de terre. Celui qui, par exemple, a accordé à quelqu'un un passage par un endroit déterminé peut très-bien concéder le même droit à plusieurs autres personnes (Loi 15 au Digeste, *communia præd.*). On peut encore céder à plusieurs le droit de conduire de l'eau par le même endroit, ou d'en puiser au même lieu à des jours et heures différentes (Loi 2, § 1er, au D. *de servit. præd. rust.*). Il est impossible cependant de constituer plusieurs servitudes différentes, ou de même espèce, à moins que la seconde ne lèse pas le droit de la première ; je ne puis, en conséquence, accorder à quelqu'un le droit d'aqueduc sur le même terrain où j'ai déjà cédé le droit de passage à un autre, ou réciproquement le droit de passage sur le terrain où j'ai déjà cédé celui d'aqueduc (Loi 14 au D. *de servit. præd. rust.*).

Maintenant que nous connaissons les différentes manières dont s'établissent les servitudes et les divers cas dans lesquels on les établit, je vais examiner dans le chapitre suivant ce que contient le droit de servitude.

CHAPITRE IV.

CE QUI EST CONTENU DANS LE DROIT DE SERVITUDE RÉELLE.

1° Le droit de servitude réelle contient celui d'empêcher qu'il ne soit rien fait dans les fonds servant, sans le consentement de celui à qui la servitude est due ; or en matière de servitude, est réputé ne pas consentir, non-seulement celui qui s'oppose, mais encore celui qui ne consent pas expressément : aussi Pomponius nous dit-il qu'on tient pour non avenu le consentement d'un fou ou d'un enfant, parce qu'on ne considère pas le fait, mais le droit d'une servitude, en demandant le consentement des parties pour la constituer (Loi 5, *de servit. urb. præd.*).

2° Le droit de servitude peut contenir aussi, de la part de celui à qui elle est due, le droit de faire dans le fonds servant ce que le propriétaire a permis en lui cédant la servitude ; mais il ne peut user de ce droit que pour l'usage du fonds au profit duquel la servitude a été établie. Ainsi celui qui a dans son fonds une poterie où il fait fabriquer des vases destinés à en emporter les fruits ne dépasse pas son droit; mais s'il faisait fabriquer pour vendre, ce ne serait plus un droit de servitude qu'il exercerait, ce serait un véritable usufruit (Loi 6, D. *de servit. præd. rust.*).

3° Le droit de servitude réelle s'étend aussi à tous les adminicules sans lesquels celui à qui elle a été cédée n'en pourrait remplir l'objet. Ainsi, celui qui a le droit de puiser de l'eau est censé avoir, par le fait, celui de passer pour aller la puiser ; et, comme le dit Nératius, que ce passage lui ait été expressément cédé ou non, il doit en jouir parce qu'il est nécessairement compris dans le droit de puisage. Tout cela s'entend d'une fontaine ou d'un droit privé ; mais par rapport à une rivière publique, le même Nératius prétend que le passage doit être cédé, mais non le droit de puiser de l'eau, parce que ce droit appartient naturellement à tout le monde : d'où il suit qu'en cédant seulement le droit de puiser à une rivière publique, on ne céderait rien. (Loi 3, § 3, D. *de servit. præd. rust.*)

Disons, d'une manière générale, que ceux à qui une servitude est due ont le droit d'user du terrain non assujetti à la servitude, pour la réparation des choses qui la constituent ; mais ils ne peuvent en user qu'autant qu'il est nécessaire, à moins que l'acte constitutif de leur droit ait spécifié la manière dont ils devront en user à cet égard.

Nous venons de voir quels droits résultent de la servitude réelle ; elle a aussi ses charges. Celui à qui la servitude est due, c'est-à-dire le maître du fonds dominant, doit réparer le dommage que ses travaux auraient pu faire sur le fonds servant ; il n'en est pas de même du dommage résultant naturellement de la jouissance d'une servitude, car elle a évidemment pour effet de léser le fonds servant, mais cette lésion ne doit pas être la suite des travaux faits de main d'homme. Elle le lèse naturellement, par exemple, lorsque la pluie augmente le volume du ruisseau et le fait déborder sur les fonds voisins : lorsque par exemple une nouvelle source jaillit près de ce ruisseau ou même à l'intérieur (Loi 20, § 1, D. *de servit. præd. rust.*).

CHAPITRE V.

ACTIONS RÉELLES QUI NAISSENT DES SERVITUDES PRÉDIALES.

Nous pourrions immédiatement passer aux modes d'extinction des servitudes; mais je crois que notre sujet serait incomplet si nous ne disions quelques mots des actions auxquelles donnent lieu les servitudes prédiales ou réelles.

Ces actions sont au nombre de deux, comme en matière d'usufruit, savoir : l'action confessoire et l'action négatoire. Nous nous occuperons aussi d'une action réelle ayant rapport à la servitude *oneris ferendi* : de là la division de notre chapitre en trois paragraphes.

§ I.

De l'action confessoire.

L'action confessoire est celle par laquelle quelqu'un prétend qu'une servitude est due à son fonds de terre. *Confessoria actio est, qua quis prædio suo servitutem deberi intendit.* Suivant les époques l'action confessoire a dû être exercée dans la même forme que la revendication : on a procédé d'abord *sacramento*, puis *per formulam petitoriam* ou *per sponsionem*. — Il y a lieu d'employer l'action confessoire dans deux cas distincts : non-seulement dans le cas où celui qui jouit d'un droit de servitude se le voit contester, mais encore lorsqu'en fait quelqu'un met obstacle à l'exercice de ce droit; c'est ce que dit Ulpien en termes formels : « Si on ne me conteste pas
« mon droit de sentier de chemin ou de voie, mais qu'on
« s'oppose à ce que je fasse paver ou réparer, Pomponius
« prétend que j'ai l'action confessoire, parce que Marcellus

« dit que si un voisin a un arbre qui me ferme un sentier ou
« une voie, ou qui m'en rende seulement l'usage difficile, je
« puis demander mon sentier ou revendiquer ma voie. » (Loi
4, § 5, D. *Si servitus vindicetur.*)

Dans le cas où la servitude consiste dans le droit d'empêcher de faire quelque chose dans le fonds d'autrui, il y a lieu à l'action confessoire, si la chose se fait; il y a encore lieu à cette action lorsque celui qui est troublé dans l'exercice de sa servitude peut user d'un autre moyen pour défendre son droit. (Loi 15, D. *de servit. vind.*)

A qui appartient l'action confessoire? Les actions naissant des servitudes tant urbaines que rurales s'accordent aux propriétaires des fonds à qui elles sont dues; et c'est seulement à eux, parce qu'il n'y a que celui qui est propriétaire d'un fonds voisin, et qui prétend qu'il est dû une servitude à ce fonds, qui puisse la réclamer. Si le fonds appartient à plusieurs propriétaires, chacun d'eux a le droit de revendiquer la servitude en entier. (Loi 4, § 3, D. *Si servitus vindicetur.*)

Cette action n'est, à la vérité, donnée comme directe qu'au propriétaire, mais il n'y a nul inconvénient à accorder une action utile pour revendiquer une servitude, à celui qui tient un fonds en nantissement; on peut décider la même chose à l'égard de celui qui tient un fonds à bail emphytéotique. (Loi 16, au D. *de servit.*)

Il faut remarquer que cette action, directe ou utile, s'accorde aussi à celui qui a la quasi-possession du droit qu'il revendique, et qu'en cette matière on distingue les actions qui découlent du droit, de celles qui naissent des choses corporelles. Ulpien dit à cet égard : *Sciendum tamen, in his servitutibus, possessorem esse eum juris et petitorem* (Loi 6, D. *si servit. vind.*) Cependant comme il importe de savoir qui est censé posséder, le même Ulpien le décide à propos de la servitude *altius tollendi*, en disant : « Si je n'ai pas exhaussé mon édi-
« fice, mon adversaire est possesseur, car il a la possession
« tant qu'il n'y a pas d'innovation; mais si j'ai bâti sans

« opposition de sa part et à sa connaissance, ce sera moi qui
« serai devenu possesseur. » (Loi 6, § 1, *si servit. vindicet.*)

Par ce texte, Ulpien nous montre l'intérêt qu'il y a à être *possessor juris*. Sans doute le voisin qui a cette qualité, tant que l'exhaussement n'a pas eu lieu, peut intenter l'action confessoire pour faire juger que la maison est grevée de la servitude *non altius tollendi* ; mais il est un autre moyen qui lui garantit que jusqu'au jugement définitif il ne sera fait aucun changement à l'état actuel des choses : *ædificantem me prohibere potest et civili actione, et interdicto quod vi aut clam idem etsi lapilli jactu impedierit*. La *civilis actio* dont parle le texte n'est autre chose que l'action confessoire. L'interdit *quod vi aut clam* est donné au possesseur qui a manifesté par exemple, *lapilli jactu*, son opposition au changement projeté ou commencé, dans le cas où l'adversaire n'a pas tenu compte de cette opposition. Au moyen de l'interdit, le possesseur obtient immédiatement le rétablissement de l'état de choses existant avant la *prohibitio*.

Contre qui se donne cette action ? Elle se donne contre le propriétaire du fonds servant, lorsqu'il s'oppose à la servitude; et si le fonds qui doit la servitude appartient à deux propriétaires, on pourra actionner l'un et l'autre; mais celui des deux qui est actionné doit se soumettre à la servitude entière parce qu'une servitude n'est pas susceptible de division. (Loi 4, § 4, *si servit. vind.*) Si les esclaves du propriétaire viennent à s'opposer à l'exercice de la servitude, l'action doit être dirigée contre le maître. Cette action s'exerce non-seulement contre le propriétaire du fonds servant, mais encore contre tous autres qui empêcheraient l'usage de la servitude.

Nous terminerons ce qui est relatif à l'action confessoire, en examinant ce qu'elle renferme. Ce n'est pas le corps du fonds servant qu'on revendique par cette action ; ce n'est pas non plus le lieu où il doit une servitude; mais c'est le droit du propriétaire du fonds dominant; je m'explique par un exemple : « Lorsqu'il m'est dû une servitude de sentier, le lieu affecté à la servitude ne m'appartient pas, mais j'ai le droit d'y passer. » Ainsi lorsque le demandeur a prouvé que la servitude lui était due, s'il a été fait quelque ouvrage qui en empêche l'exercice, le juge ordonnera qu'il soit détruit. Tel est l'avis des empereurs Dioclétien et Maximien. (Loi 9 au Code, liv. 3, tit. 34.) Quelquefois le juge ordonne de donner caution au demandeur.

Les fruits sont aussi compris dans l'action confessoire en revendication d'une servitude; mais quels sont les fruits d'une servitude? On peut regarder comme tel l'intérêt qu'avait celui à qui la servitude est due, à n'en être pas privé. Cela s'accorde très-bien avec un rescrit de Philippe que nous lisons dans la loi 5 au Code *de servit. et aqua*, dont voici les termes : « Si votre partie adverse a fait quelques constructions
« qui nuisent à la servitude due à votre maison, le président
« de la province ordonnera que les choses soient remises au
« même état, et que vous soyez indemnisé suivant la gravité
« du tort que vous aurez éprouvé. »

Dans l'*intentio* de l'action confessoire, le demandeur doit avoir bien soin d'exprimer les restrictions au droit commun qui peuvent avoir été établies relativement à l'étendue de la servitude qu'il revendique : autrement il encourrait la plus-pétition. (*Fragmenta vaticana*, §§ 52 et 53.)

§ II.

De l'action négatoire.

L'action négatoire est celle par laquelle un propriétaire prétend que son fonds est libre, et ne doit pas la servitude que son adversaire veut s'y arroger : *Negatoria actio est ea qua quis libertatem fundi sui vindicat, negatque in eo servitutem deberi, quam adversarius sibi arrogat.* C'est ce qui arrive dans les deux cas suivants : 1° lorsque quelqu'un veut m'empêcher de faire une chose sur mon propre fonds : il suffit alors que celui contre lequel j'agis n'ait pas ce droit, bien qu'un autre puisse l'avoir; 2° lorsque quelqu'un veut faire une chose au profit de son fonds dans le mien, en vertu d'une servitude qui ne lui en donne pas le droit. (Loi 13, D. *si servit. vind.*)

Cette action, par laquelle je prétends qu'une certaine chose n'est pas grevée de telle servitude, s'exerce dans la même forme que la revendication et l'action confessoire; au fond il y a là une véritable affirmation : j'affirme que je suis plein propriétaire ; aussi faut-il admettre qu'une condition essentielle pour intenter avec succès l'action négatoire, c'est d'avoir la qualité de propriétaire, cela n'a jamais soulevé aucun doute en matière de servitudes réelles.

L'action négatoire peut aussi avoir lieu en faveur d'un associé contre l'autre, à raison du fonds propre à ce dernier; je m'explique par un exemple : je suppose que la maison de Titius nous soit commune à vous et à moi, et que vous ayez appuyé une poutre de cette maison sur le mur d'une autre qui m'appartient; j'ai le droit de vous actionner, ou de détruire ce que vous avez fait. (Loi 27, au D. *de servit. urb. præd.*)

Cette action comprend aussi une caution pour l'avenir; c'est là ce qui résulte de ce passage de Javolénus. J'ai, dit-il, actionné quelqu'un en lui soutenant qu'il n'avait pas le droit de faire porter ses poutres sur mon mur : doit-il me donner caution de ne pas le faire à l'avenir? J'ai répondu que, d'après moi, le juge devait aussi lui ordonner de me fournir cette caution. (Loi 12, D. *si servit. vind.*).

Enfin, dans l'action négatoire, les fruits, comme le dit Labéon, se composent de l'intérêt qu'avait le demandeur à ce que son adversaire ne passât point sur son fonds ; Pomponius lui-même est de cet avis (Loi 4, § 2, D. *si servit. vind.*).

§ III.

De l'action résultant de la servitude oneris ferendi.

J'ai cru devoir m'occuper de cette action, parce que, ainsi que l'observe Ulpien, il y a quelque chose qui lui est particulier.

Nous avons contre le débiteur de la servitude *oneris ferendi* une action par laquelle nous pouvons le forcer à supporter la charge de notre maison et à maintenir le bâtiment grevé de cette servitude dans le même état où elle se trouvait lorsqu'elle fut constituée. Il n'en est toutefois ainsi que dans le cas où le propriétaire de la maison grevée de la servitude ne préfère pas l'abandonner; ce n'est point en effet la personne, mais bien la chose, qui doit la servitude.

Ulpien remarque la différence qu'il y a entre l'action naissant de la servitude *oneris ferendi*, et celle qui résulte de toutes les autres; il propose pour exemple l'action qui naît de la servitude *tigni immittendi*. « J'ai, dit-il, une action contre
« celui qui m'a cédé la servitude de faire porter mes poutres
« sur son mur, ainsi que le droit de construire sur ces pou-
« tres une galerie pour me promener, puis, sur ce mur, des
« colonnes de pierres destinées à soutenir le toit de ma pro-
« menade; et voici en quoi ces actions diffèrent entre elles :
« la première me permet de forcer le voisin à réparer le mur
« de support, tandis que la seconde me laisse seulement
« exiger de lui qu'il supporte mes poutres, ce qui n'est pas
« contraire à la nature des servitudes. » (Dig. loi 8, § 2, *si servit. vind.*)

En ce qui concerne les réparations du mur, qui peuvent être exigées par cette action résultant de la servitude *oneris ferendi*, elles doivent être faites de la manière convenue par la constitution de la servitude, c'est-à-dire en pierres de taille, en moellons ou de toute autre manière. Il sera permis de rendre le mur plus solide qu'il ne l'était au moment de la constitution de la servitude ; mais si, au contraire, on le dégrade, la partie intéressée pourra s'y opposer en vertu de cette action, ou faire opposition à la continuation du nouvel ouvrage (Loi 6, § 7, *si servit. vindic.*).

Mais comme la réparation du mur regarde le possesseur du rez-de-chaussée qui doit la servitude, ce dernier n'est pas tenu d'étayer les bâtiments de celui à qui la servitude est due pendant la réparation des constructions ; et si le maître de la servitude refuse de faire les frais d'étais, qu'il laisse crouler son bâtiment, pour le rétablir lorsque le mur sera réparé, alors, comme dans les autres servitudes, on accordera l'action contraire à celui qui la doit, c'est-à-dire pour prétendre qu'il ne peut pas être forcé d'étayer.

L'action résultant de la servitude *oneris ferendi* est plus réelle que personnelle : elle a cela de commun avec les actions qui naissent des autres servitudes. Elle ne s'accorde qu'au propriétaire de la maison à qui la servitude est due, contre le propriétaire de celle qui la doit. Ainsi, vous avez l'usufruit, et moi j'ai la propriété d'une maison qui doit supporter celle du voisin, ce sera contre moi et non contre vous que l'on pourra agir. (Loi 1re, § 1, *de servit. urb. prœd.*)

CHAPITRE VI.

MODES D'EXTINCTION DES SERVITUDES.

Après avoir parlé des servitudes en elles-mêmes, et avoir étudié leurs divers modes d'établissement, nous arrivons tout naturellement à nous occuper des différentes manières dont elles s'éteignent. Indiquons les cinq modes par lesquels les servitudes prennent fin, savoir : la confusion, la résolution du droit du constituant, la remise de la servitude, le non-usage et la destruction de l'un des deux fonds.

§ I.

De la Confusion.

Les servitudes réelles s'éteignent par la confusion, c'est-à-dire par cette circonstance que les deux fonds entre lesquels existait la servitude se trouvent actuellement réunis dans la même main. Mais il faut que le propriétaire de l'un des deux fonds devienne aussi l'unique propriétaire de l'autre; s'il en acquérait seulement une part indivise, on appliquerait la règle: *servitus per partes retinetur.*

Si les deux fonds réunis entre les mains d'un seul propriétaire sont séparés de nouveau, la servitude éteinte par confusion va-t-elle revivre *ipso jure?* Non, car les Romains, en principe, n'admettent point la destination du père de famille. Lisons en effet la loi 30 au Digeste *de servit. urb. præd*, et nous verrons la preuve de ce que nous avançons : « Si quel-
« qu'un a acheté la maison qui devait une servitude à la
« sienne, cette servitude est éteinte par confusion; et s'il
« veut revendre cette maison, la servitude devra être imposée
« de nouveau, autrement la maison en serait exempte. »

La servitude ne s'éteindra pas par confusion, lorsque plusieurs fonds en seront grevés au profit du mien, et que j'achèterai un de ces fonds, car elle continuera de subsister sur les autres. C'est ce que dit Javolénus : « Si lorsque j'avais une servitude sur trois fonds, j'ai acquis celui qui séparait les deux autres, je pense que la servitude subsistera sur ces derniers parce qu'elle ne peut s'éteindre par confusion qu'autant qu'on ne peut plus en user, et qu'ayant acquis le fonds intermédiaire, je puis passer par le premier et le troisième. »

Il en sera de même, et la servitude subsistera, si le fonds servant appartient à un seul propriétaire, et que le maître du fonds dominant en acquiert dans la suite une portion qui le coupe dans sa longueur; mais s'il devient acquéreur d'une portion qui le divise dans sa largeur, si celui à qui la servitude est due devient propriétaire de l'une des deux divisions du fonds, sera-ce une raison pour que la servitude ne subsiste pas sur l'autre? Non, et voici pourquoi: La voie coupée dans sa longueur devient plus courte, et coupée dans sa largeur elle devient plus étroite; lors donc que quelqu'un a acquis une partie du fonds servant qui coupe la voie dans sa longueur, il en est comme de deux fonds contigus, dont l'un est accédé par l'autre, et la voie reste entière; mais si elle est coupée par moitié, il faut examiner si la largeur qui reste suffit. Si elle ne suffit pas, la servitude sera éteinte sur l'un et l'autre fonds, parce qu'il ne reste pas un espace suffisant pour comporter un passage (Loi 6, § 1, *quemadm. servit. amit.*).

§ II.

Résolution du droit du constituant.

Passons au second mode d'extinction des servitudes, c'està-dire la résolution du droit du constituant. Une servitude s'éteint, lorsque le droit de celui qui l'avait établie sur son fonds se trouve éteint lui-même par une cause plus ancienne et nécessaire. Si donc, un fonds ayant été légué sous condition, l'héritier vient à y imposer une servitude, elle s'éteindra lorsque la condition se trouvera accomplie (Loi 11, § 1, *quemadm. servit. amit.*).

Il en est autrement lorsque celui au profit de qui la servitude a été établie perd ses droits sur le fonds pour lequel elle avait été constituée. Marcellus dit en effet que les servitudes une fois acquises doivent suivre le fonds pour lequel elles ont été créées.

§ III.

Remise de la servitude.

Les servitudes réelles s'éteignent si le propriétaire du fonds dominant renonce au droit de les exercer; or, il est censé y avoir renoncé, s'il a laissé faire quelque chose qui en rende l'usage et le droit impossibles : ainsi, j'avais par exemple le droit de faire avancer mes gouttières sur votre terrain : si je vous ai permis d'y bâtir, j'ai perdu mon droit. Il faudrait décider la même chose pour le cas où, ayant un *jus itineris* sur votre fonds, je vous aurais permis de faire quelque ouvrage dans l'endroit même où je dois exercer mon passage. Mais tout cela ne doit s'entendre que du cas où la permission est pure et simple, et non de celui où elle est simplement précaire. De ce que, en effet, vous avez précairement permis à votre voisin de construire sur votre fonds un mur qui interceptait le chemin de servitude que vous aviez sur le sien, il n'en faut pas conclure que vous lui ayez précisément remis cette servitude (Loi 17, D. *Comm. præd.*).

S'il y a plusieurs propriétaires pour que l'extinction soit valable, ils devront tous abandonner leurs droits à la servitude : autrement si un seul des copropriétaires d'un fonds cédait son droit de passage, cette cession serait nulle.

Dans l'ancien droit, la remise de la servitude se faisait habituellement au moyen de la *cessio in jure*. De même que, pour établir la servitude, on emploie le simulacre d'une action confessoire, intentée par celui qui veut l'acquérir, de même pour l'éteindre on se sert du simulacre de l'action négatoire intentée par celui qui veut en dégrever son immeuble.

§ IV.

Du non-usage.

Nous retrouvons encore ici l'utilité de la distinction déjà établie entre les servitudes urbaines et les servitudes rurales : car il existe entre elles une notable différence relativement à l'extinction par suite du non-usage.

Les unes comme les autres s'éteignent bien, il est vrai, par un certain temps de non-usage, mais avec cette différence néanmoins, que les servitudes urbaines ne disparaissent ainsi qu'autant que le voisin prescrit la liberté de son fonds.

L'interruption à l'usage d'une servitude que quelqu'un a sur ma maison doit être continuelle; de même ce qui cause l'interruption d'une servitude à laquelle je suis soumis doit être quelque chose que je ne tienne pas précairement de celui à qui je la dois, et contre qui je puis la prescrire.

Quant aux servitudes urbaines, il fallait, indépendamment du non-usage, que le propriétaire du fonds servant eût acquis sa libération (*libertatem usucapere*), c'est-à-dire qu'il eût fait quelque acte contraire à la servitude; les servitudes rurales se perdent par le seul non-usage, c'est ce qui arrive lorsque personne n'use du fonds à qui elles sont dues: Cette différence tient toujours à ce que les servitudes urbaines sont continues, et les servitudes rurales, pour la plupart discontinues.

Au reste nous conservons le droit de servitude rurale, par l'usage qu'en fait notre associé, l'usufruitier, ou le possesseur de bonne foi; il suffit même que quelqu'un passe par le chemin dû à un fonds comme en étant possesseur. Une servitude est encore conservée par l'usage qu'en fait même un possesseur de mauvaise foi: c'est pourquoi, et à plus forte raison, dans une servitude d'aqueduc, si l'eau coule d'elle-même par le canal, le droit est conservé : telle était l'opinion de Sabinus, comme on le voit dans Nératius. (Loi 12, D. *Quemadm. servit. amit.*)

Nous avons dit, tout à l'heure, que les servitudes cessent d'exister par le non-usage; il faut voir maintenant dans quels cas on est censé avoir usé ou non de son droit, lorsque la servitude consiste dans la faculté de faire quelque chose dans le fonds d'autrui.

Il faut : 1° avoir usé de son droit dans le temps où on le devait, et non à d'autres moments; par exemple : si celui qui a la faculté de prendre de l'eau pendant la nuit, en prend le jour pendant un temps suffisant pour prescrire, il perd alors le droit d'en prendre pendant la nuit, par suite de ce non-usage. Il en est de même de celui qui peut venir puiser à certaines heures et qui a exercé ce droit à d'autres heures que celles où il devait en user. (Loi 10, § 1, D. *Quemadm. serv. amit.*)

2° Il faut que ce qui a été fait l'ait été comme acte de jouissance : en effet, celui qui n'a pas cru user d'un droit n'est pas censé en avoir profité.

3° Enfin, on n'est censé avoir fait usage de sa servitude qu'autant qu'on en a usé de la manière dont on avait acquis le droit de le faire. Si quelqu'un a profité d'une autre eau que celle dont il pouvait user, il a perdu sa servitude (Loi 18, D. *Quemadm. serv. amit.*) Si le non-usage provenait d'une force majeure, la servitude rigoureusement n'en était pas moins éteinte, mais on pouvait se faire restituer par le préteur.

D'après le droit civil, le non-usage au bout de deux ans était un mode d'extinction pour toutes les servitudes tant rurales qu'urbaines. Tel était encore le droit exposé dans les Pandectes de Justinien. Cependant, diverses constitutions de cet empereur, rendues en 530 et 531, avaient déjà apporté sur la perte des servitudes par le non-usage, de notables modifications : ainsi ce qui est incontestable et reconnu par tout le monde, c'est que Justinien substitua en cette matière, au laps de temps de l'usucapion civile, celui de la prescription prétorienne ; de sorte que les servitudes prédiales, au lieu d'être perdues par deux ans de non-usage, ne peuvent plus l'être que par dix ans entre présents, et vingt ans entre absents. (C. l. 3, t. 34, loi 13.)

Le temps fixé pour perdre une servitude est du double, lorsqu'elle a été constituée de façon à ce que l'on n'en usât pas tous les jours, mais seulement à certains moments.

Il faut observer, par rapport au temps de non-usage requis pour perdre une servitude, que le temps pendant lequel le premier propriétaire du fonds auquel la servitude était due, n'a pas joui, est imputé à son successeur ; et réciproquement on tient compte du temps pendant lequel le propriétaire a ignoré que son fonds eût un droit de servitude.

La prescription d'une servitude ne court point contre les pupilles ni contre un lieu religieux à qui une servitude de chemin peut être due en faveur de la religion.

§ V.

De la destruction de l'un des deux fonds et du changement arrivé dans la forme de l'un ou de l'autre.

Les servitudes réelles étant nécessairement inhérentes à des fonds de terre, il en résulte qu'elles s'éteignent par la destruction des fonds dominants ou servants. Si donc une maison à qui il était dû une servitude a été détruite, mais ensuite rebâtie dans le même lieu, rigoureusement la servitude devait être éteinte; mais des interprétations équitables la laissent subsister. (Loi 20, § 2, au D. *de servit. urb. præd.*)

La servitude n'est cependant conservée par un nouvel édifice qu'autant qu'elle n'est pas devenue plus onéreuse qu'elle ne l'était : en conséquence de ce principe, s'il était dû une servitude de gouttière à une maison couverte en tuiles, on ne pourrait en user en changeant le toit, c'est-à-dire en plaçant la gouttière sur un toit de planches ou d'autres matières. On peut, en un mot, faire tout ce qui est susceptible d'améliorer la condition du voisin, mais rien qui puisse la rendre pire, à moins que, par de nouvelles conventions, une nouvelle servitude ait été substituée à l'ancienne.

Il est certain qu'une servitude ne peut s'éteindre par le changement accidentel survenu dans la forme de l'un des deux fonds ; et un changement de forme qui ne doit durer qu'un temps, tel que celui provenant d'une inondation, n'éteint pas, du moins irrévocablement, la servitude. Je citerai, comme exemple, le cas où le terrain débiteur d'une servitude de sentier, de chemin ou de voie, vient à être couvert par l'inondation d'une rivière ; pendant l'intervalle requis pour que la servitude se prescrive, les eaux se retirent, le terrain reprend alors son ancien état, et la servitude recommence à être due de plein droit ; mais dans le cas où elle serait prescrite, le propriétaire du fonds servant devrait la renouveler.

A qui profite donc la perte d'une servitude réelle ? C'est seulement au fonds servant qui en est libéré; elle n'est d'aucune utilité à ceux qui jouissent de servitudes semblables. Supposons, par exemple, qu'un de ceux à qui il était dû une servitude d'aqueduc et qui en usait par le canal commun ait perdu son droit par le non usage; cette perte ne profitera certainement pas à ceux qui jouissaient conjointement avec lui de la même faculté. Le débiteur de la servitude, au contraire, bénéficiera seul de ce qu'un de ceux à qui il la devait l'ait perdue par le non usage, parce qu'alors son fonds se trouvera libéré d'une partie de la charge qui pèse sur lui. (Loi 16 au D. *quemadm. servit. amit.*).

DROIT FRANÇAIS.

DES SERVITUDES

QUI DÉRIVENT DE LA SITUATION NATURELLE DES LIEUX.

HISTORIQUE.

Je ne compte point m'occuper spécialement, dans cet aperçu historique, des servitudes qui dérivent de la situation naturelle des lieux, mais bien de toutes en général : c'est donc un coup d'œil rapide jeté sur l'histoire des servitudes.

Je ne parlerai pas de leur origine; dans l'introduction de ce travail, j'ai déjà dit comment elles avaient pris naissance. Cependant, pour bien faire sentir l'importance du titre que nous étudions, je remarquerai qu'il serait possible de retrancher un certain nombre d'articles du Code Napoléon sans que la législation en fût altérée d'une manière très-sensible; tandis que l'on ne pourrait supprimer le titre des servitudes, ni même quelques-uns des articles qui le composent, sans laisser un vide regrettable, parce qu'à chaque instant de l'existence d'un peuple, ces rapports d'homme à homme, de famille à famille, qui se lient au droit d'agir et à l'obligation de souffrir se représentent sous mille formes diverses.

§ I.

Droit romain.

A Rome, on ne connaissait que deux espèces de servitudes : les servitudes personnelles et les servitudes réelles, qui, à leur tour, se divisaient en servitudes rurales et servitudes urbaines. J'ai déjà dit, en traitant ce sujet, comment on les distinguait et quelle était l'utilité de cette division, je n'y reviendrai pas; j'ajouterai seulement que l'application de cette division à nos servitudes est inutile aujourd'hui. Cependant nos législateurs, par une réminiscence du droit romain, ont consacré dans l'article 687 la distinction des servitudes en urbaines et rurales, sans faire attention qu'elle n'avait pour nous aucune utilité, puisque, d'après nos lois, les mêmes principes sont applicables à toute espèce de servitudes, quels que soient les lieux où on les exerce et où l'on est obligé de les supporter.

Ne faut-il pas reconnaître aussi que les Romains avaient sur nous un grand avantage? L'admirable concision de leur langue leur permettait de donner un nom spécial et expressif à chacune de leurs servitudes; on pourrait en citer ici un très-grand nombre, tant rurales qu'urbaines : car Cepolla en a détaillé plus de cent; mais ces diverses nomenclatures sont aujourd'hui à peu près sans intérêt; il est, en effet, de toute évidence que les servitudes peuvent se modifier à l'infini, comme les conventions.

Il est certaines matières du Code Napoléon pour lesquelles les lois romaines n'ont pu servir de guide à nos législateurs : en ce qui concerne la mitoyenneté, par exemple, il n'y avait rien à prendre, puisque l'état de chose, que ce nom rappelle n'existait pas, ou du moins n'existait que très-rarement en vertu d'une convention. Tout le monde sait, en effet, qu'à Rome les maisons étaient séparées les unes des autres par des ruelles ou sentiers, et en général construites au milieu d'un jardin, d'où leur venait le nom d'*insulæ*. Ces constructions, ressemblant ainsi à autant d'îles, ne pouvaient donner lieu à la mitoyenneté.

Je terminerai en disant quelques mots sur la manière dont les servitudes s'acquéraient à Rome. D'après les anciens auteurs, les servitudes urbaines pouvaient s'acquérir par usucapion dans le droit romain primitif, mais non les servitudes rurales, parce qu'elles n'avaient point une cause continue, et même l'usucapion cessa d'avoir effet en matière de servitude, à partir de la loi *Scribonia*, à laquelle, comme nous l'avons déjà dit, on donne pour date l'an 720 de Rome. On admettait, dans le dernier état du droit, que les servitudes continues pouvaient s'acquérir sans titre par dix ans de possession entre présents, et vingt ans entre absents; que le long usage, la possession immémoriale devaient être considérés comme un mode légal d'acquisition des servitudes discontinues. (Loi 20 *princip.* au Dig. *de servit. præd. rust.*)

Les pays de droit écrit s'étaient insensiblement rangés à ce dernier état de la législation romaine. A l'égard de la libération de la servitude, il est sans difficulté, dit Lalaure, qu'elle peut être acquise par la prescription ; toutes les lois sont expresses à cet égard : *jura servitutum in urbanis sicut in rusticis non utendo pereunt* (D. L. 41, t. 3, l. 4 § 29).

§ II.

Ancien droit français.

Je viens de dire que les Romains ne reconnaissaient que deux espèces de servitudes: les servitudes personnelles et les servitudes réelles ; notre ancien droit, au contraire, en admettait de trois sortes : les servitudes réelles, mixtes et personnelles.

La servitude réelle était celle due par un héritage à un autre héritage; telles étaient les servitudes appelées *servitutes rusticorum vel urbanorum prædiorum.*

La servitude mixte, celle qui était due par les héritages aux personnes : par exemple l'usage et l'habitation ; on l'appelait ainsi, parce qu'elle participait à la fois de la servitude personnelle et de la servitude réelle. Les servitudes mixtes étaient réelles, parce qu'elles assujettissaient une chose à une personne, et elles étaient en outre considérées comme personnelles, parce qu'une personne avait droit sur une chose. Lalaure enseigne qu'on les appelait personnelles, parce qu'elles tirent leur dénomination de la partie la plus noble, c'est-à-dire de la personne qui exerce son droit sur la chose ; il a emprunté lui-même cette idée à Piktus, qui s'exprime ainsi : *Dicuntur tamen personales, quia ex persona quæ est dignior suam trahunt denominationem : persona enim est agens, res vero patiens.* Cette dénomination de servitude mixte n'était pas connue des Romains, qui confondaient les servitudes mixtes avec les servitudes personnelles.

La servitude personnelle est définie par les Instituts : *Constitutio juris gentium qua quis domino alieno contra naturam subjicitur.* Ainsi c'était l'esclavage qui soumettait un homme à un autre homme, l'esclave à son maître, le serf à son seigneur. On ne peut préciser l'époque où la servitude d'homme à homme, l'esclavage, pour dire le mot, a été abolie en France ; on présume seulement que ce grand fait s'est accompli entre le onzième et le treizième siècle. Voici d'ailleurs ce que dit Lalaure dans son Traité des servitudes : « On trouve
« dans le recueil du Père Mabillon, *Vetera analecta*, p. 12,
« des lettres de Louis le Gros, de l'an 1118, qui prouvent que
« les gens d'église avaient des esclaves aussi bien que les
« laïques, et une ordonnance de Louis le Hutin, du 3 juillet
« 1315 établit qu'alors les servitudes personnelles n'étaient
« plus que ce qu'on appelait avant 1789 les mainmortes de
« Bourgogne et de Nivernais, en sorte qu'il en faut conclure
« que c'est entre le onzième et le treizième siècle que l'escla-
« vage a cessé d'avoir lieu en France. »

La politique des rois, l'intérêt des propriétaires, et surtout l'influence de la religion chrétienne prêchant l'égalité de tous les hommes devant Dieu, qui fut à cet égard plus puissante en France que dans les autres parties de l'Europe, abolirent la mainmorte et la convertirent assez généralement en services individuels ou en charges foncières, comme prix ou signe du rachat des personnes. Cette sorte de servage, qui tendait sans cesse à se modifier, dans l'intérêt de l'affranchissement des personnes, subsistait encore dans quelques provinces en 1789.

A cette époque, les charges imposées aux personnes furent abolies; celles qui frappaient les biens, sous le nom de droits féodaux, le furent aussi, d'abord sous des conditions de rachat ou d'indemnités, et bientôt d'une manière absolue et gratuite, même lorsqu'elles avaient été le prix d'une concession de fonds. L'ordre une fois rétabli, il fut plus facile de déplorer les injustices qu'avaient causées l'uniformité et la généralité de cette mesure que de les réparer.

§ III.

Droit coutumier.

Le titre des servitudes, se composant de matières distinctes qui n'ont le plus souvent aucun rapport entre elles, a donné lieu, dans les Coutumes de France comme en droit romain, à des dispositions nombreuses et fort diverses, que le cadre de ce travail ne permet pas de rapporter dans leur entier; je me bornerai simplement à exposer ce qui peut présenter un intérêt historique. Me servant du commentaire de Brodeau sur la Coutume de Paris, je dirai quelques mots des servitudes telles qu'elles étaient réglées par cette Coutume; mais, auparavant, qu'il me soit permis de parler de l'origine du droit coutumier.

Les anciens jurisconsultes n'avaient émis sur l'origine des Coutumes que des conjectures plus ou moins ingénieuses; c'est à la philosophie de l'histoire qu'il était réservé de jeter sur ce sujet une plus vive lumière. M. Laferrière, dans son Histoire du droit français, a résolu la question avec une originalité de talent et une profondeur de vue qui le placent bien haut parmi nos historiens jurisconsultes. Il établit que les Coutumes ont leur source générale et primitive dans la féodalité, et qu'elles en sont le droit civil. Il n'est pas difficile de prouver par l'histoire, en effet, qu'avant l'époque féodale nos Coutumes n'existaient pas. Les peuples avaient, il est vrai, leurs lois connues qu'on appelait loi salique, loi ripuaire, loi Gombette, loi romaine ; mais ce n'est qu'au moment où la féodalité devient l'institution dominante, au XIe siècle, que les Coutumes locales s'établissent. Pour peu qu'on les étudie, on voit bien clairement qu'à part quelques vestiges des mœurs et des lois romaines et germaniques, elles n'ont aucun rapport avec les lois barbares et la loi romaine, seules connues avant l'époque féodale.

Ceci dit, je reviens à la Coutume de Paris sur les servitudes, et ce que je remarque tout d'abord, c'est que la servitude ne peut jamais s'acquérir sans titre : toute personne qui, sous l'empire de cette Coutume, revendique une servitude, doit montrer son titre, faute de quoi l'héritage est présumé libre. Voici comment s'exprime l'art. 186 de cette Coutume : « Droit « de servitude ne s'acquiert par longue jouissance quelle « qu'elle soit sans titre, encore que l'on en ait joui par cent « ans, mais la liberté se peut réacquérir contre le titre de « servitude par trente ans entre âgés et non privilégiés. »

Brodeau, en son Commentaire sur cette Coutume, nous enseigne à ce sujet que le titre dont il s'agit ici devait être fait par écrit, « sans lequel, dit-il, la preuve de la constitution et imposition de la servitude n'est pas recevable par témoins, suivant l'article 54 de l'ordonnance de Moulins, qui doit avoir lieu principalement en ce cas, le prix de la liberté étant inestimable. »

Sous l'empire de la Coutume de Paris, celui qui était troublé dans la possession d'une servitude réelle, pourvu qu'il eût un titre et fût en bonne possession, était fondé, à dénoncer le nouvel œuvre, à demander le rétablissement des lieux dans leur état primitif, et à être maintenu et gardé. — « Nos « servitudes, dit encore Brodeau, se conservent par exécution, « c'est-à-dire par le fait et la possession des personnes ; elles

« se perdent par le non-usage et par la négligence de ceux
« auxquels le droit appartient, qui fait que la liberté s'usurpe
« ou se réacquiert contre la servitude, laquelle s'évanouit, se
« réduit à néant, et le fonds servant devient libre comme au-
« paravant, nonobstant le titre portant la constitution de la
« servitude, qui demeure abandonné et prescrit par trente
« ans entre majeurs, après lesquels le propriétaire de l'héri-
« tage qui devait la servitude est maintenu en liberté par
« l'action négatoire ou négative. »

La Coutume de Paris reconnaît deux sortes de servitudes réelles, savoir : celles qui sont fondées en titre et qu'on nomme contractuelles, et celles appelées naturelles ou légales parce qu'elles sont établies par la loi, et qu'à proprement parler elles constituent plutôt des règlements entre voisins que des servitudes. Ainsi indépendamment des servitudes contractuelles et légales, il y en a de naturelles auxquelles la situation des héritages les assujettit les unes envers les autres ; j'insiste sur ces dernières, parce qu'elles rentrent plus spécialement dans mon sujet. L'héritage inférieur, dit M. Denisard, est naturellement obligé de recevoir les eaux qui découlent du fonds supérieur, et le propriétaire de l'héritage inférieur ne peut faire ni digue ni chaussée qui fassent refluer ou gonfler les eaux de manière à nuire à l'héritage voisin. De même, le propriétaire de l'héritage supérieur ne peut changer l'ordre naturel du cours des eaux, de manière que ce changement endommage l'inférieur, soit en multipliant les écoulements sur le voisin, soit en leur donnant un nouveau cours qui change le lit ordinaire, soit enfin en leur imprimant une rapidité qui peut dégrader.

Le propriétaire d'un héritage ne peut rompre des digues naturelles ou artificielles, qui procurent de l'eau aux voisins pour leurs besoins, ou qui empêchent qu'elle ne les incommode ; il ne lui est pas permis non plus de la détourner pour la faire passer dans son héritage et en priver en tout ou en partie ceux qui en jouissent. En un mot, les propriétaires sur leurs héritages ne peuvent rien faire à l'effet de nuire aux commodités que la nature avait données aux voisins. Ces principes, fondés sur l'équité, ont été consacrés par notre droit actuel.

Je disais plus haut que nos législateurs n'avaient pu trouver des éléments de mitoyenneté dans les lois romaines: aussi ont-ils été obligés d'avoir recours à nos pays de Coutumes; c'est surtout dans les Coutumes de Paris, articles 189 à 191, et d'Orléans, article 251, qu'ils ont puisé.

Pour ce qui regarde la plantation des arbres, la Coutume de Paris était muette, et on se réglait uniquement sur les usages locaux qui faisaient varier la distance d'après la nature des arbres et suivant qu'il s'agissait d'héritage clos ou non clos. La Coutume d'Orléans contenait une disposition spéciale sur ce point. L'article 259 s'exprimait ainsi : « Il n'est loisible
« planter ormes, noyers ou chênes, aux vignobles d'Orléans
« plus près des vignes de son voisin, ni de planter haies
« vives plus près de l'héritage de son voisin, que de pied
« et demi, et sera la dite haie d'épines blanches et non d'é-
« pines noires. »

Il existait dans l'ancien droit des héritages auxquels on donnait la qualification de franc-alleu : hors qu'était-ce que le franc-alleu? L'article 255 de la Coutume d'Orléans le définit : « héritage tellement franc, qu'il ne doit fonds de terre
« et n'est tenu d'aucun seigneur foncier et ne doit saisine,
« dessaisine ni autre servitude quelle que ce soit. » Mais, dit Pothier, Coutume d'Orléans, sur l'art. 255 : « Le mot servitude
« est pris ici pour les devoirs dus à un seigneur, tels que la
« prestation de foi et hommage, et autrefois le service mili-
« taire qui était dû par les vassaux ; mais un franc-alleu
« peut être chargé envers un autre héritage d'une servitude
« prédiale. » Ainsi la liberté qui était inhérente au franc-alleu ne l'empêchait pas d'être soumis, comme tous les autres biens, aux servitudes naturelles, conventionnelles ou légales:

aujourd'hui que les propriétés sont libres comme les personnes, ces distinctions se trouvent sans intérêt.

Quant à la prescription des servitudes en pays de droit coutumier, trois systèmes se trouvent en présence. Certaines Coutumes la rejettent comme moyen d'établir les servitudes, conformément à la règle admise dans un grand nombre de provinces : *Nulle servitude sans titre*. — D'autres admettent la prescription pour certaines servitudes et la rejettent pour les autres. Enfin, quelques Coutumes l'admettent pour toute espèce de servitudes. Du reste, il faut bien le dire, les pays de Coutumes présentaient sur la prescription des servitudes une foule de dispositions compliquées et souvent contradictoires; c'était l'anarchie dans la législation.

§ IV.

Code Napoléon.

Le Code Napoléon a aboli complétement la distinction établie par l'ancien droit en matière de servitudes; il ne reconnaît plus aujourd'hui que les servitudes réelles.

Je citais plus haut l'art. 259 de la Coutume d'Orléans sur la plantation des arbres. Ceci m'amène à dire, sortant un peu de mon sujet, que le Code Napoléon a réglé cette matière dans les art. 671 et 672. Dans l'intérêt de l'agriculture, et par conséquent dans l'intérêt de tous, le législateur devait naturellement fixer la distance à observer dans les plantations. Supposez, en effet, qu'il soit loisible à un propriétaire de planter sur l'extrême limite de sa propriété; que va-t-il arriver? Ses arbres projetteront au loin leurs ombres sur le terrain voisin; leurs branches s'y étendront, leurs racines se nourriront de sa substance, et la terre voisine deviendra improductive. Aussi les Romains, comme nous le voyons dans la loi 13 au Digeste *Finium regundorum*, avaient-ils remédié aux inconvénients des plantations trop rapprochées des voisins en déterminant la distance à observer, d'après l'essence des arbres. Le Code Napoléon a maintenu les anciens usages, et ce n'est qu'à défaut d'usage qu'il fixe d'une manière générale et uniforme, les distances à observer dans toute la France. Cependant, comme il a négligé de distinguer entre les différentes essences des arbres, ses dispositions sont peut-être insuffisantes.

On a reproché au Code Napoléon de n'avoir pas toujours été assez logique dans les diverses dispositions qu'il a cru devoir placer dans le titre des servitudes : ainsi, à propos des servitudes qui dérivent de la situation naturelle des lieux, on a prétendu que le droit de se servir ou d'user des eaux qui bordent ou traversent les propriétés des riverains n'a aucun des caractères distinctifs de la servitude; chacun, a-t-on dit, a droit d'user de ce qui n'appartient spécialement à personne, et dont l'usage est commun à tous ; cet usage n'entraîne en lui-même aucune charge et par conséquent ne constitue pas une servitude. L'obligation de rendre les eaux à leur cours naturel ne dérive pas non plus d'un droit de servitude, mais bien du principe d'égalité qui doit régner entre des communistes. Le bornage, dit-on encore, ne constitue pas davantage une servitude ; le droit de fixer les limites respectives de deux fonds voisins est une conséquence du droit de propriété ; il n'y a là ni héritage servant, ni héritage dominant. Le droit de se clore est encore tout à fait étranger aux servitudes.

Ces critiques vont peut-être trop loin; dans tous les cas, il ne m'est pas permis de changer l'ordre établi par le législateur, et j'expliquerai dans leur ordre les articles qui sont contenus dans la section formant l'objet de ce travail.

Je ne puis omettre de signaler ici quatre lois appelées sans doute à faire une révolution dans l'agriculture française; je veux parler des lois sur les irrigations et sur le drainage : je me bornerai ici à indiquer leur date, parce qu'elles recevront plus loin leurs explications ; la première, sur les irrigations, est du 20 avril 1845 ; la seconde, sur le droit d'appui, du

11 juillet 1817 ; la troisième, sur le libre écoulement des eaux provenant du drainage est du 10 juin 1854 ; enfin, la quatrième, également sur le drainage, est à la date du 17 juillet 1856.

§ V.

Droit comparé.

Pour terminer cet aperçu historique, il nous reste maintenant à jeter un coup d'œil rapide sur la législation en matière de servitudes des principales nations du monde civilisé.

Le Code prussien, par exemple, ne fournit presque aucun moyen de comparaison utile avec le Code Napoléon, parce qu'il laisse en pleine vigueur les Coutumes existantes dans chaque province ; cependant, ses dispositions, en ce qui concerne l'inscription des servitudes, méritent de fixer notre attention. Les servitudes doivent être inscrites sur les livres des hypothèques, à l'exception des servitudes continues et apparentes, et de celles qui ne diminuent pas les revenus du fonds servant. Toutefois, l'omission de cette inscription, pour les autres services fonciers, n'empêche pas leur exercice contre le propriétaire auteur de la servitude, ou contre ses héritiers, ou contre les acquéreurs, pourvu que, dans ce cas, cette formalité soit remplie dans les deux ans, à partir du jour du changement de possession. Tant qu'une servitude reste inscrite aux hypothèques, elle ne peut être prescrite par le non-usage. Il existe, en ce qui concerne le droit de se clore, une disposition remarquable. L'art. 119 porte : « Tout propriétaire qui possède des champs dans l'enclave de ceux destinés au pâturage des bestiaux peut se faire clore. » Cette disposition manifeste chez le législateur la pensée d'abolir insensiblement le droit de parcours.

En Autriche, presque toutes les dispositions de cette matière sont régies par des usages locaux qui varient à l'infini ;

il serait dès lors impossible, en raison de leur multiplicité, d'affirmer ici les règles qui gouvernent chaque province de l'empire; nous ne pouvons que rétracer quelques principes généraux signalés par M. de Saint-Joseph dans sa législation comparée. Art. 472 : Le propriétaire de l'héritage servant est tenu de souffrir mais non de faire (il en est de même en droit français.) Il résulte de là, articles 482 et 483, que les ouvrages et réparations nécessaires pour user de la servitude sont à la charge de celui à qui elle est due; la même idée se trouve reproduite dans le Code Napoléon par les articles 697 et 698. Le droit de servitude doit être inscrit. Dans les articles 474, 475 et 476, le Code autrichien distingue les servitudes urbaines des servitudes rurales et il les énumère. La chasse et la pêche imposées à l'héritage d'un voisin sont considérées comme des servitudes (art. 477). Les murs et autres clôtures sont considérés comme mitoyens, à moins de signes contraires.

A propos des lois anglaises il n'y a rien à dire, car la diversité des lois et usages de chaque province de la Grande-Bretagne est telle que M. de Saint-Joseph a été obligé de passer sous silence la législation de ce grand pays qui en est encore à attendre l'uniformité de législation. Mentionnons en passant le Code qui, avant les derniers événements de l'Italie, régissait le royaume des Deux-Siciles; il présentait avec le nôtre une identité presque complète et semblait émaner d'une même origine.

C'en est assez pour conclure que, sauf quelques légères différences, les diverses législations des principales nations sont en harmonie presque complète avec les dispositions du Code Napoléon.

CHAPITRE I.

RÈGLES GÉNÉRALES ET CARACTÈRES DES SERVITUDES.

§ I.

Caractères constitutifs de la servitude.

La loi des 28 septembre, 6 octobre 1791, appelée le Code rural de la France, a dans son titre premier, art. 1, formulé l'un des grands principes de notre droit public, en ces termes : « Le territoire de la France, dans toute son étendue, est libre comme ceux qui l'habitent. » Telle était aussi la pensée de Brodeau sur la Coutume de Paris quand il disait : « La « France est le royaume des francs, c'est-à-dire des libres. » Ainsi, dit encore l'art. 1er de la loi 1791, « toute propriété terri- « toriale ne peut être sujette, envers les particuliers, qu'aux « redevances et aux charges dont la convention n'est pas « défendue par la loi. » Ce fut évidemment pour se mettre en harmonie avec cette déclaration de l'Assemblée constituante, que le législateur de 1804 rédigea les articles 637 et 638 du Code. Il a puisé dans les lois romaines la définition qu'il nous offre des servitudes et les principes qui régissent toute cette matière. Suivant la loi 15, au Digeste *de servituti- bus*, la servitude réelle est celle établie pour l'utilité d'un héritage voisin, *quæ prædiorum meliorem conditionem faciat* ; elle consiste, comme le disent tous les commentateurs du droit romain, et notamment Heineccius, *in eo quod prædium serviat prædio*. Barthole la définit : *Jus quoddam prædio inhæ- rens ipsius utilitatem respiciens et alterius prædii jus sive liber- tatem minuens.* L'article 637 du Code Napoléon n'offre que la traduction de cette définition, quand il dit : Une servitude est une charge imposée sur un héritage, pour l'usage et l'utilité d'un héritage appartenant à un autre propriétaire.

Dans cette définition, nous trouvons tout d'abord deux caractères essentiels de la servitude foncière, qui la différencient profondément des droits d'usufruit, d'usage et d'habitation.

1° Les droits d'usufruit, d'usage et d'habitation, qui constituaient autrefois dans le droit romain les servitudes personnelles sont établis au profit d'une personne déterminée, et n'ont, par conséquent, qu'une durée temporaire; au contraire, les servitudes ou services fonciers, constitués sur un héritage pour l'utilité d'un autre héritage, participent, en général, au caractère de perpétuité des fonds eux-mêmes, dont ils sont des dépendances et des qualités. C'est là, il faut le reconnaître, une exception à la grande règle de notre législation moderne, qui n'admet pas les démembrements perpétuels du droit de propriété. Pour être unique pourtant, il est certain qu'il n'en est point de plus importante. Aucun droit dans la pratique ne joue un rôle plus important que celui de servitude. La servitude, en effet, est indispensable dans l'intérêt de l'agriculture, de l'industrie, pour la commodité de toutes les relations de voisinage, et ce sont ces considérations d'utilité à la fois publique et privée, qui l'ont fait admettre par le législateur. Est-ce à dire que la servitude ne présente que des avantages? Non, certes, et il faut bien reconnaître qu'elle donne lieu aux plus graves contestations, à des procès dispendieux, par les mesures d'instruction qu'ils nécessitent, telles que les expertises, les enquêtes et les visites de lieux ; à tel point que la Coutume de Paris avait réuni dans le même titre les servitudes et rapports de jurés, par le motif, dit Ferrières, « que les servitudes sont très-souvent des sujets de « contestations entre voisins, lesquelles ne peuvent être dé- « cidées que suivant les rapports faits par gens à ce connais- « sant. » Mais quelle est l'institution qui soit de tout point irréprochable ?...

2° Le second caractère d'une servitude, c'est de ne pouvoir être imposée que sur un héritage, au profit d'un autre; tandis que les droits d'usufruit et d'usage peuvent être établis sur toute espèce de biens, meubles ou immeubles (art. 581).

Les rédacteurs du C. N., dans la crainte de blesser les susceptibilités nationales, ont évité de qualifier les droits d'usufruit, d'usage et d'habitation du nom de servitudes personnelles. Ils paraissent avoir éprouvé des scrupules du même genre, pour désigner les servitudes réelles. L'article 543 les appelle services fonciers, et notre titre, qui est intitulé servitudes, ajoute aussitôt ces mots : ou services fonciers. Le législateur a fini pourtant par employer purement et simplement le mot de servitude. C'est aussi le terme dont nous nous servirons désormais. Ce fut, comme nous l'avons dit plus haut, pour se conformer à la déclaration de l'Assemblée constituante, et afin de la consacrer de plus en plus, que les rédacteurs du C. N. rédigèrent les articles 637 et 638. Ce dernier est ainsi conçu : « La servitude n'établit aucune prééminence d'un héritage sur l'autre. » Il semble qu'au sein d'une législation comme la nôtre, ce soit là une disposition superflue ; mais, en remontant un peu plus haut dans l'histoire, on verra qu'elle n'est pas aussi inutile qu'elle peut le paraître.

Les temps n'étaient pas encore bien éloignés où les baux à fiefs établissaient des rapports de supériorité et de dépendance non-seulement entre les héritages, mais encore entre les propriétaires, et où l'on avait en même temps qu'un fief dominant et un fief servant, un seigneur et un vassal, qui ne possédait qu'à la charge de foi et hommage.

C'est dans le but d'abolir le plus complétement possible le souvenir des assujettissements féodaux et de toute cette hiérarchie foncière sur laquelle ils reposaient que le législateur de 1804 n'a pas voulu employer les expressions de fonds dominant et de fonds servant.

Comme troisième caractère essentiel de la servitude, il faut absolument que les deux fonds appartiennent à deux maîtres différents, car *nemini res sua servit*. La servitude, en effet, n'ajouterait rien au droit de propriété, puisque ce droit est le plus absolu qu'on puisse avoir sur une chose. Supposons qu'un propriétaire établisse un passage sur un de ses fonds pour l'usage et l'exploitation d'un autre fonds qui lui appartient : ce ne sera point *jure servitutis*, mais bien *jure dominii* qu'il en usera.

Pour ce qui est de la contiguïté, on peut dire qu'elle n'est pas indispensable en droit français.

En résumé pour qu'il y ait servitude il faut :

1° Deux héritages dont l'un est assujetti au service de l'autre ;

2° Les deux héritages doivent appartenir à deux maîtres différents ;

3° Il n'est pas essentiel que les deux fonds soient contigus.

§ II.

Division des servitudes.

L'article 639 assigne à la servitude foncière une triple origine : elle dérive ou de la situation naturelle des lieux, ou des obligations imposées par la loi, ou des conventions intervenues entre les propriétaires. Cette rédaction est vicieuse ; il faut remarquer tout d'abord ces mots : ou des *obligations imposées par la loi*. Le chapitre 2, qui traite de cette seconde catégorie de servitude porte pour rubrique : des servitudes établies par la loi, ce qui est beaucoup plus exact. Ces servitudes en effet ne résultent point des obligations que la loi impose aux propriétaires voisins ; ce sont plutôt ces obligations qui naissent des servitudes que la loi a établies *ou enfin des conventions intervenues entre les propriétaires*, et plus exactement du fait de l'homme, ainsi que cela est dit dans la rubrique du chapitre 3, qui correspond à cette troisième catégorie de servitude. Elles peuvent en effet s'établir non-seulement par conventions, mais encore par testament, par l'effet de la prescription, c'est-à-dire dans tous les cas par un fait de l'homme. Ainsi trois classes de servitudes : les servitudes naturelles, les servitudes légales, et celles établies par le fait de l'homme. Sans m'occuper ici de la critique qui peut être faite au sujet de cette classification, j'aborderai de suite l'étude de la première classe de servitudes, c'est-à-dire de celles qui dérivent de la situation naturelle des lieux.

CHAPITRE II.

DES SERVITUDES QUI RÉSULTENT DE LA SITUATION NATURELLE DES LIEUX.

Ce qui caractérise particulièrement les servitudes dérivant de la situation naturelle des lieux, c'est qu'elles existent par la seule position des héritages, sans aucun titre; elles semblent avoir été marquées par la nature elle-même. Le Code les divise en trois classes : 1° les obligations qui concernent les eaux; 2° le droit du propriétaire voisin de se contraindre réciproquement au bornage de leurs propriétés contiguës; 3° la faculté de clore un héritage pour le soustraire à la vaine pâture et au parcours.

SECTION I.

DE L'ASSUJETTISSEMENT DES FONDS INFÉRIEURS, QUANT AUX EAUX QUI DÉCOULENT NATURELLEMENT DES FONDS SUPÉRIEURS.

L'art. 640 porte : « Les fonds inférieurs sont assujettis envers ceux qui sont plus élevés à recevoir les eaux qui en découlent naturellement sans que la main de l'homme y ait contribué.

Le propriétaire inférieur ne peut point élever de digue qui empêche cet écoulement.

Le propriétaire supérieur ne peut rien faire qui aggrave la servitude du fonds inférieur.

C'est la nature elle-même qui, en imprimant aux terrains leur pente, a soumis les fonds inférieurs à recevoir les eaux qui découlent des fonds plus élevés, telle est aussi évidemment la condition tacite et nécessaire de l'établissement de la propriété sur ces fonds. Je suis surpris de lire dans M. Toullier ces mots : « Le propriétaire du fonds inférieur pourrait « donc, si on ne suivait que la loi de la propriété, élever des « digues pour empêcher les eaux de couler sur son terrain, « et les faire refluer vers le fonds supérieur ». Le savant auteur reconnaît, et il le faut, pour être logique, le même droit au propriétaire du fonds supérieur : de sorte que, chacun faisant de son côté des travaux en sens contraire, il arrivera que finalement, ni l'un ni l'autre, au milieu de ces mutuelles représailles, ne pourra jouir de sa propriété. Le droit de propriété n'a jamais, d'ailleurs, existé avec cette liberté absolue et brutale qui ne serait entre les voisins qu'un état de guerre sans trêve et sans fin.

Je vais examiner :

1° Dans quel cas l'art. 640 est applicable ;

2° Quels sont les droits et les obligations qui en résultent, soit pour le propriétaire inférieur, soit pour le propriétaire supérieur.

Tel sera l'objet des deux paragraphes de cette section.

§ I.

Dans quel cas l'art. 640 est applicable.

La question peut se formuler ainsi : Dans quel cas les fonds inférieurs sont-ils assujettis à recevoir les eaux qui découlent des fonds supérieurs ?

D'après le texte fort clair de l'art. 640, on voit que cet assujettissement est imposé aux fonds inférieurs, en ce qui concerne les eaux découlant naturellement des fonds supérieurs sans que la main de l'homme y ait contribué. Ainsi, le propriétaire est obligé de recevoir toutes celles-là, mais rien que celles-là. Ces dispositions sont puisées dans le titre du Digeste *de aqua et aquæ pluviæ arcendæ*, et elles s'appliquent aux simples eaux pluviales, à celles qui découlent des terres par infiltration, ou qui proviennent de la fonte des neiges, et aux eaux de sources ; mais elles n'ont point trait aux eaux de ménage, de fabrique ou autres semblables, ni même à celles qui découlent des toits, parce qu'il y a là un fait de l'homme.

L'art. 640 n'exige pas pour son application que les fonds soient attenants l'un à l'autre, ils peuvent parfaitement se trouver séparés par la voie publique, et il suffira, ce qui, d'ailleurs, est essentiel, que les eaux soient amenées par la pente naturelle du terrain à travers la voie publique, du fonds supérieur sur le fonds inférieur. En un mot, bien qu'en général le Code Napoléon ne s'occupe que des relations entre les propriétés privées, l'art. 640, en tant qu'il se borne à consacrer une nécessité résultant de la situation naturelle des lieux, paraît être applicable à tous les fonds sans exception.

M. Pardessus prétend que si une place, une promenade, un rempart ou les fossés d'une ville se trouvent situés de manière à recevoir naturellement les eaux supérieures, le gouvernement ou l'administration locale aura le droit d'exiger que le propriétaire du fonds le plus élevé dirige l'écoulement de manière qu'elles ne viennent pas se rendre sur ces promenades ou dans ces fossés, et que le propriétaire voisin qui par ce changement se trouve recevoir les eaux qui se rendraient plus naturellement sur la propriété publique ou communale, ne peut s'y refuser. On ne peut reconnaître un droit aussi exorbitant à l'administration ; aucun texte ne paraît le justifier, et tout porte à croire qu'un semblable préjudice ne pourrait être imposé tout à la fois au propriétaire supérieur et à celui sur lequel les eaux se trouveraient rejetées contrairement à leur direction naturelle, que pour cause d'utilité publique et moyennant indemnité.

Le propriétaire supérieur pourrait-il, sans titre et en vertu de l'art. 640, faire couler sur le fonds inférieur les eaux d'une source nouvellement ouverte par le résultat de ses travaux?

Sur cette question, M. Pardessus propose une distinction. « Si la source nouvelle, dit-il, se faisait jour par suite de « travaux dont se compose habituellement la culture d'un « champ, par exemple lorsqu'on a creusé un fossé, nivelé « quelque portion de terrain plus élevée que le reste, défriché « quelques parties, cet événement nous semble n'être que la « conséquence d'un droit d'un propriétaire de faire les tra- « vaux propres à l'amélioration de son fonds..... Mais si par « des fouilles spécialement faites dans la vue de se procurer « de l'eau, comme si, par exemple, le propriétaire supérieur « a creusé sur son fonds un puits artésien, alors il serait « beaucoup plus douteux que les propriétaires inférieurs « fussent tenus de recevoir les eaux. »

Dans ce dernier cas on peut affirmer, sans aucun doute, que les propriétaires inférieurs ne sont nullement tenus de recevoir les eaux de cette source. Cette opinion est appuyée sur le texte de l'article 640 qui n'est applicable que dans le cas où il n'y a aucun fait de l'homme; or ici le fait de l'homme est apparent, puisque c'est lui qui a cherché et fait jaillir la source; donc l'article 648 ne peut être invoqué. S'il est impossible au propriétaire du fonds supérieur de retenir ses eaux, il faut dire par argument tiré de l'article 682, qu'il doit indemnité au propriétaire du fonds inférieur, pour ce passage forcé. La même chose est à décider dans le cas où la source a jailli par suite de travaux qui n'avaient pas pour but de découvrir de l'eau, parce qu'ici encore c'est le fait de l'homme qui est la cause première de l'écoulement des eaux.

A plus forte raison, et malgré l'avis contraire de M. Pardessus, on peut dire, avec MM. Demolombe, Daviel et Duranton, que le propriétaire supérieur ne pourrait transformant son champ en un étang, faire couler les eaux de cet étang sur les fonds inférieurs si elles n'y étaient pas auparavant portées par la pente du terrain, ou de manière à aggraver l'écoulement naturel qui les y conduisait déjà. Il n'est évidemment question ici que des étangs créés de main d'homme, mais non de ces étangs en quelque sorte naturels que l'on voit se former dans les contrées montueuses par les eaux descendant des coteaux, et se réunissant dans les terrains bas et creux.

L'article 640, comme on le voit, s'occupe spécialement des eaux pluviales et de source ; mais il ne concerne nullement les fleuves et les rivières navigables ou non ; et en disant que cet article ne s'applique pas aux fleuves et aux rivières, on veut surtout faire entendre que les propriétaires ont le droit de se garantir par des travaux définitifs établis sur le bord de la rive, ou dans l'intérieur de leurs héritages, soit de l'action permanente et insensible des cours d'eaux, soit surtout de leurs débordements accidentels et extraordinaires. Voici en effet comment s'exprime la loi première au Code *de alluvionibus* : *Ripam suam adversus rapidi amnis impetum, munire prohibitum non est.* — Là il n'y a pas à considérer si ces travaux seront nuisibles aux autres propriétaires, car chacun a le droit d'employer tous les moyens pour garantir son fonds ; il faut cependant ne point anticiper sur le lit naturel du cours d'eau, et de plus les travaux doivent être faits conformément aux règlements de police s'il en existe, et surtout ils doivent être faits dans un but d'utilité. Ces principes, si conformes à la raison et à l'équité, ont été reconnus dans le droit romain, par notre ancienne jurisprudence, et ils sont encore consacrés aujourd'hui par la doctrine unanime des arrêts et des auteurs.

§ II.

Quels sont les droits et les obligations soit des propriétaires inférieurs, soit des propriétaires supérieurs.

L'article 640 déclare que les fonds inférieurs sont assujettis à recevoir les eaux : de là trois conséquences :

1° Ils doivent aussi recevoir les sables, les terres, les cailloux, les roches ou matériaux quelconques que les eaux entraînent avec elles; mais il est juste aussi qu'ils profitent en revanche de la terre végétale, de l'humus mêlé aux eaux, qui peut descendre des fonds supérieurs.

2° Quels que soient l'incommodité et le dommage qui en résulteraient pour leurs fonds, leurs plantations ou leurs récoltes, les propriétaires inférieurs ne peuvent exiger aucune indemnité des propriétaires supérieurs.

3° Ils ne peuvent point élever de digues ayant pour but d'empêcher l'écoulement des eaux : ceci résulte de l'article 640 deuxième alinéa, c'est-à-dire qu'ils ne doivent faire aucun travail dont le résultat serait de faire refluer les eaux sur l'héritage supérieur. (Loi 1, § 6 et 13 D. *de aqua et aquæ.*) M. Pardessus, dans son Traité des servitudes, distingue le cas où les eaux coulent, par un ou plusieurs points fixés et déterminés, de celui où elles se répandent sur toute la surface du fonds inférieur, et dans ce dernier cas, il enseigne que le propriétaire inférieur peut faire ce qu'il croit utile pour défendre son fonds contre les ravages des eaux, pourvu que l'effet de ses travaux ne soit pas d'en déplacer l'écoulement naturel, de manière à la reporter entièrement sur l'héritage supérieur.

On comprend bien que le propriétaire inférieur prenne toutes les mesures possibles pour rendre l'écoulement des eaux moins dommageable à son fonds : ainsi, l'eau a creusé des ravins, il les comble, rien de mieux; mais par argument tiré de l'art. 701, il est facile de soutenir qu'il ne peut, par ses ouvrages, changer la situation des lieux, ni repousser en aucune façon soit entièrement, soit partiellement les eaux sur le fonds supérieur.

Quant au propriétaire supérieur, l'art. 640 dispose qu'il ne peut rien faire qui aggrave la servitude du fonds inférieur. Ainsi, il est de toute évidence qu'il ne peut pas changer la direction naturelle des eaux, ni leur imprimer un cours différent de celui qui résulte de la situation même des fonds. — Tous les auteurs reconnaissent qu'il ne peut pas non plus corrompre ni salir les eaux en y jetant des immondices ou des matières infectes, en les employant par exemple au rouissage du chanvre ou à tout autre usage, dont le résultat serait de les imprégner d'éléments fétides et nuisibles.

La règle qui vient d'être exposée est vraie dans sa généralité, telle que l'art. 640 la consacre; mais il faut cependant l'entendre de telle manière, que le propriétaire supérieur conserve le droit qui lui appartient d'une manière incontestable, soit d'exploiter et de cultiver son fonds, soit même d'utiliser les eaux à son profit. Ainsi de tout temps on a reconnu que le propriétaire supérieur peut faire les ouvrages nécessaires, ou même seulement utiles pour la culture de son héritage : pratiquer par exemple des sillons, ou bien des rigoles : *fossas agri colendi causa*. Il peut même changer le mode d'exploitation, faire par exemple un vignoble ou un pré, d'une terre labourable, et cela alors même qu'il en résulterait une certaine aggravation pour les propriétaires inférieurs, qui n'ont aucun motif de se plaindre lorsque ces ouvrages ne changent point la direction naturelle des eaux, et ne transportent point la servitude sur un fonds autre que celui qui doit y être assujetti; car enfin, comme le dit fort à propos M. Pardessus, la culture est l'état naturel des fonds.

De même il ne serait pas possible d'interdire d'une manière absolue, au propriétaire supérieur la faculté d'utiliser les eaux à son profit. Ici encore les termes généraux de l'art. 640

doivent recevoir une interprétation intelligente et équitable, qui sache concilier les droits des propriétaires supérieurs et inférieurs.

Dans quels cas et pour quels usages le propriétaire supérieur pourra-t-il se servir des eaux ?

Il serait difficile de poser à cet égard une règle *a priori*; il convient d'appliquer par analogie la disposition de l'art. 645 qui dit que les tribunaux en prononçant doivent concilier l'intérêt de l'agriculture avec le respect dû à la propriété. — Toute entreprise de la part du propriétaire supérieur, qui serait nuisible au propriétaire inférieur, devra être justifiée par un intérêt légitime; alors le juge recherchera si le travail est nécessaire, ou même simplement utile, ou s'il est de pur agrément; il comparera, sous ce triple rapport, l'avantage que le propriétaire supérieur en peut retirer, au préjudice plus ou moins considérable qui en résulte pour le fonds inférieur. Il va sans dire que la réclamation du propriétaire inférieur doit être fondée sur un dommage appréciable, car il n'y a pas d'action sans intérêt.

Celui des propriétaires, quel qu'il soit, supérieur ou inférieur, qui se trouve lésé par quelque entreprise par laquelle l'autre propriétaire aurait violé à son préjudice la loi commune résultant de la situation naturelle des lieux, peut agir soit au possessoire, pourvu qu'il exerce son action dans l'année du trouble, art. 23 du Code de Procédure, soit au pétitoire. Ce n'est pas toujours l'importance de la réclamation que les tribunaux doivent considérer, le plus modique intérêt est immense pour le pauvre ; tout ce qui tient à la propriété est important, et c'est dans les usages locaux et les circonstances du fait que les magistrats doivent puiser les motifs de leurs décisions. Ceux qui mésuseraient de leur droit au point de faire malicieusement tort à autrui, pourraient être condamnés, non-seulement au rétablissement des lieux dans leur état primitif et à des dommages-intérêts, mais encore à une amende, en vertu de la loi des 28 septembre, 6 octobre 1791, titre 2, art. 15.

Les lois 1re, § 1, et 1. 14, § 2 au Digeste *de aqua*, nous apprennent qu'il n'est même pas nécessaire que les ouvrages entrepris par l'un des propriétaires aient déjà causé un dommage à l'autre, pour que celui-ci soit autorisé à en demander la discontinuation ou la destruction : *hæc actio locum habet in damno nondum facto, opere tamen jam facto, hoc est de eo opere ex quo damnum timetur.* Ainsi, la seule crainte d'un dommage futur suffit donc, et la Cour de Cassation, dans un arrêt à la date du 2 décembre 1820, a formellement décidé que l'action possessoire est admissible toutes les fois qu'un ouvrage fait de main d'homme peut nuire à la propriété d'autrui, quoique ce dommage ne soit pas encore arrivé.

L'ouvrage établi sur un fonds auquel il est utile est naturellement présumé avoir été fait par le propriétaire de ce fonds ou par son ordre : *is fecit cui prodest*; mais s'il est prouvé que l'ouvrage est le fait d'un autre, dont le propriétaire à qui il profiterait n'est pas responsable, celui-ci n'est tenu que d'en souffrir la destruction.

L'article 640 ne considère les eaux que relativement à l'inconvénient qui peut résulter de leur passage; il impose un assujettissement aux fonds inférieurs, il ne leur accorde point un droit. Le propriétaire supérieur peut retenir les eaux pluviales qui tombent directement sur son fonds, ou qui lui arrivent des fonds supérieurs ou de la voie publique; il peut en faire tout ce que bon lui semble, sans avoir aucun compte à rendre, et il est libre d'exercer son droit à toute époque, alors même que, pendant plus de trente ans, il aurait laissé couler les eaux pluviales sur le fonds inférieur : car les actes de pure faculté n'engendrent pas la prescription. Il ne s'agit ici, bien entendu, que du cas où le propriétaire inférieur s'est borné à les recevoir passivement, aux termes de l'article 640, sans faire aucun ouvrage annonçant la volonté de les acquérir activement à titre de servitude sur le fonds inférieur.

Les fonds inférieurs sont assujettis, par la situation naturelle des lieux, à recevoir les éboulements de toute sorte provenant des fonds supérieurs; mais pour qu'il en puisse être ainsi, il faut que les écoulements descendent naturellement des fonds supérieurs et non par la main de l'homme.

SECTION II.

DES SOURCES.

§ 1er.

Du droit du propriétaire qui a une source dans son fonds.

Le mot source dérive du vieux verbe français *sourdre*, qui qui signifie sortir de terre : c'est l'endroit même où l'eau s'échappe du sein de la terre que l'on désigne du nom de source, et que les Romains appelaient *caput aquæ* : *Caput aquæ illud est unde aqua oritur*.

L'article 641 est ainsi conçu : « Celui qui a une source dans son fonds peut en user à sa volonté, sauf le droit que le propriétaire du fonds inférieur pourrait avoir acquis par titre ou par prescription. » Rapprochant de ce texte la disposition de l'article 552, qui dit que la propriété du sol emporte celle du dessus et du dessous, on verra qu'il résulte de la réunion de ces deux principes, que le propriétaire est libre de faire de la source ce qui lui plaît, car elle fait partie intégrante de son domaine.

Puisque le propriétaire du fonds est maître de l'eau qui s'y trouve, la règle générale est qu'il peut en disposer de la manière la plus absolue (art. 544). Il est libre de l'employer à tels usages que bon lui semble, d'utilité ou d'agrément, pour arroser ses terres, faire mouvoir une usine; il peut l'étouffer ou l'arrêter dans son cours; il a même le droit sur son fonds de faire toutes les fouilles qu'il juge à propos, afin de découvrir les eaux souterraines qui s'y trouvent, et, par suite, il n'est nullement responsable envers les propriétaires des fonds voisins, s'il coupe les veines qui alimentaient leurs sources et leurs puits.

Les jurisconsultes romains étaient très-explicites à cet égard: *in domo mea puteum aperio, quo aperto, venæ putei tui præcisæ sunt; an tenear? ait Trebatius, non teneri me damni infecti, neque enim existimari, operis mei vitio damnum tibi dari in ea re, in qua jure meo usus sum* (Loi 24, § 12, Dig. *de damno infecto*. Loi 1re, § 12 et loi 21 au Dig. *de aqua*).

Cependant une restriction était apportée chez les Romains au droit absolu de disposer des eaux de source, et notre ancien droit français l'avait adoptée. Le propriétaire de la source ne pouvait en disposer que dans un intérêt réel pour lui, intérêt d'utilité et même d'agrément, peu importait; et une action était fondée contre lui, s'il privait les voisins des eaux de cette source sans avantage pour lui-même. Sous notre droit nouveau, et depuis la promulgation du Code Napoléon, la même doctrine a encore été enseignée; quant à nous, nous pensons qu'elle est non-seulement contraire au texte de la loi, mais encore contraire aux principes.

Et d'abord, elle est contraire au texte de la loi. En effet, le texte spécial de l'art. 641 ne dit-il pas que celui qui a une source dans son fonds peut en user à sa volonté? L'art. 544 ne confère-t-il pas d'une manière générale au propriétaire, le droit de disposer de sa chose de la manière la plus absolue? Or, s'il me plaît de priver mes voisins de mes eaux sans qu'il en résulte aucun avantage ni intérêt pour moi, que ce soit pour une raison ou pour autre, n'en ai-je pas le droit?

Cette doctrine est encore contraire aux principes d'après lesquels nul n'est tenu de rendre compte de l'usage ou de la disposition qu'il lui plaît de faire de son bien et qui s'opposent, dans l'intérêt privé de tous les propriétaires non moins que dans l'intérêt général de la société, à cette arbitraire et impossible inquisition des motifs et des intentions qui peuvent diriger le maître d'une chose dans l'exercice de son droit de propriété.

Il est vrai que, lors de la discussion qui eut lieu au Conseil d'état, M. Malleville, rapportant l'arrêt du parlement de Paris du 16 juillet 1603, qui consacrait la défense faite au propriétaire d'une source, d'user des eaux sans utilité pour lui-même au préjudice de ses voisins, déclara que l'art. 645 de notre Code, confirmait la jurisprudence en vertu de laquelle on pouvait empêcher le propriétaire d'en détourner le cours par pure malice, au détriment du fonds inférieur. Mais ces idées, émises incidemment dans la discussion et qui n'ont été l'objet d'aucune contradiction, restent personnelles à leur auteur et ne sauraient prévaloir contre la loi elle-même. On comprend la disposition de l'art. 645, en ce qui concerne les eaux courantes considérées comme chose commune, parce qu'en effet elles n'appartiennent pas plus à l'un qu'à l'autre et que chacun n'a que le droit de s'en servir selon ses besoins.

L'art. 645, qui accorde aux tribunaux un certain pouvoir discrétionnaire, ne paraît pas du tout applicable à l'hypothèse de l'art. 641, et la Cour de cassation a décidé, le 29 janvier 1840, que le propriétaire qui a une source dans son fonds ne peut pas être empêché d'en priver les fonds inférieurs, sous prétexte que les eaux lui sont à lui-même plus nuisibles qu'utiles.

La règle qui vient d'être posée peut cependant recevoir deux exceptions : l'une fondée sur un intérêt privé, l'autre sur un intérêt public. C'est-à-dire que le propriétaire qui a une source dans son fonds ne peut en disposer à son gré : 1° lorsque le propriétaire du fonds inférieur a acquis contre lui la servitude d'aqueduc ou tout autre droit à l'usage de la source ; 2° lorsque cette eau est nécessaire aux habitants d'une commune, village ou hameau.

§ II.

Du titre par rapport aux sources.

Le propriétaire du fonds intérieur peut avoir acquis le droit à l'eau de la source de trois manières : 1° par titre ; 2° par l'effet de la destination du père de famille ; 3° par prescription.

Le titre est défini : la concession volontaire émanée du propriétaire de la source, soit entre-vifs, à titre gratuit ou onéreux, soit par testament. Par l'effet du titre, le propriétaire du fonds dominant acquiert, soit le droit de puiser de l'eau à la source, soit le droit de dériver l'eau sur son fonds, de disposer des eaux d'une manière continue ou à certains jours déterminés ; ce ne sont là que les cas les plus ordinaires, car les servitudes, ainsi que toute espèce de convention, peuvent se modifier à l'infini. Seulement il est nécessaire que le titre émane du propriétaire de la source, parce qu'il est de toute évidence qu'on ne pourrait lui opposer un acte auquel il serait étranger : par exemple, une convention par laquelle les propriétaires inférieurs auraient partagé entre eux l'usage des eaux. M. Pardessus est de cet avis ; seulement il ajoute : « A moins qu'un tel partage n'eût été fait ou homologué par l'autorité compétente, parce qu'alors ce serait un règlement prévu par l'art. 645. » Cette exception elle-même paraît inadmissible ; d'après l'avis de M. Daviel, l'administration n'a pas le droit de priver le propriétaire de la source, de la libre faculté qui lui appartient d'en disposer comme bon lui semble ; et lorsqu'elle fait un règlement, on doit l'interpréter en ce sens, qu'il n'est applicable qu'à l'état de choses actuel tant qu'il continuera d'exister, et sans préjudice des droits du propriétaire de la source. C'est ainsi que l'autorisation administrative accordée aux riverains d'un cours d'eau d'établir un moulin ou une usine quelconque, ne leur attribue aucun droit contre le propriétaire de la source qui alimente le cours d'eau. Or, la règle est toujours la même, soit que l'administration homologue ou fasse elle-même un règlement d'eau, soit qu'elle autorise l'établissement d'une usine, elle ne peut pas plus dans un cas que dans l'autre porter atteinte à la propriété privée de celui qui a la source dans son fonds.

Autrefois, dans presque toute la France, les rivières non navigables appartenaient aux seigneurs, qui y avaient exclusivement le droit de pêche; et leur permission était nécessaire pour y établir des moulins et des usines. Dans les lieux mêmes où les seigneurs n'avaient pas la propriété de ces rivières par droit de fief, ils en avaient la police, comme attribut du droit de justice. De là, M. Pardessus considère comme étant aujourd'hui fondés en titre, d'après l'art. 641, à l'encontre des propriétaires de la source, les moulins ou usines établis à l'époque de la féodalité, soit par les seigneurs eux-mêmes, soit par les propriétaires riverains, autorisés à cet effet par les seigneurs, en vertu de leur droit de propriété ou de police sur les rivières non navigables. M. Demolombe rejette cette doctrine : d'abord, en effet, les seigneurs n'avaient aucun droit de propriété ou de police sur les sources qui formaient alors comme aujourd'hui une propriété privée, et leurs concessions n'étaient pas plus opposables au propriétaire de la source que ne le serait aujourd'hui l'autorisation administrative. On peut dire en conséquence, que les propriétaires des moulins et usines quelconques, ainsi établis ne peuvent invoquer contre le propriétaire de la source que la prescription ou la destination du père de famille, s'ils se trouvent dans les conditions nécessaires à cet effet.

Il faut faire attention à ne pas confondre le titre en vertu duquel le propriétaire de la source aurait acquis dans son propre intérêt le droit d'en diriger le courant vers un fonds inférieur qui n'était pas tenu de le recevoir, avec le titre qui attribuerait au propriétaire inférieur un droit sur l'eau de la source. La différence est grande entre les deux cas. Dans le premier, le fonds inférieur est tenu en vertu d'une servitude passive de recevoir l'eau de la source, sans que le propriétaire de cette source ait renoncé de son côté au droit qu'il a toujours d'en disposer à sa volonté. Dans le second cas, c'est une servitude active, au contraire, que le titre confère au fonds inférieur, et le propriétaire de la source ne peut plus désormais en détourner le courant à son préjudice.

Pour savoir si la servitude est ou n'est pas réciproque, c'est dans les termes de l'acte qu'il faut rechercher la véritable intention des parties, et, en cas d'ambiguité, on devra consulter toutes les circonstances du fait.

Le propriétaire qui accorde un droit de prise d'eau peut toujours en user pour les besoins de son fonds, pourvu qu'il s'en serve modérément et de manière à ne pas nuire au droit du concessionnaire ; mais, une fois les besoins de ce dernier satisfaits, à supposer qu'il resterait encore une certaine quantité d'eau, alors le propriétaire de la source pourra faire une seconde concession, sans que le premier concessionnaire ait le droit de la faire annuler sous prétexte qu'on ne lui aurait pas demandé son consentement. Il en serait autrement si le propriétaire de la source avait cédé à un propriétaire inférieur le droit de disposer des eaux à sa volonté.

Un propriétaire séparé du fonds de la source, et qui a prescrit ou acquis par titre le droit d'empêcher le maître de la source d'en changer la direction, ne peut s'opposer à ce que les fonds intermédiaires soumis aux inconvénients du voisinage de l'eau qui les borde ou les traverse, n'en recueillent les avantages ; son droit ne lui profite qu'à l'égard du propriétaire de la source.

Enfin, lorsque deux propriétaires voisins ont réglé entre eux l'usage d'une source qui surgit dans le fonds de l'un d'eux, il est évident que ni l'un ni l'autre ne peuvent rien faire qui soit contraire à la convention ; l'article 1134 dit en effet : que les conventions légalement formées tiennent lieu de loi à ceux qui les ont faites.

§ III.

Destination du père de famille applicable aux sources.

La servitude de prise d'eau au profit du propriétaire inférieur, à l'encontre du propriétaire de la source, peut également résulter de la destination du père de famille.

L'article 641 du Code Napoléon, concernant la propriété des sources, et ne parlant que du titre et de la prescription, on s'est demandé si la destination du père de famille pouvait être invoquée dans le cas des art. 641 et 642? Nous répondrons qu'il n'y a rien à induire de cette omission; il est en effet de règle générale que les servitudes continues et apparentes peuvent s'établir par la destination du père de famille (art. 692); or, il n'y a ici aucune raison de s'écarter d'une règle si conforme à la volonté des parties et à l'équité. Cette opinion est d'ailleurs conforme à la majorité des auteurs; M. Toullier s'exprime ainsi : « Les services qu'un héritage
« tire de l'autre, lorsque tous les deux appartiennent au
« même propriétaire, ne sont point des servitudes; ce n'est
« que le libre usage du droit de propriété; *nemini res sua*
« *servit jure servitutis*. Mais si les deux héritages viennent à
« appartenir à différents propriétaires, sans que, lors de la
« séparation des propriétés, il ait été rien stipulé de relatif à
« ces services, ils continuent de subsister; ils se changent en
« véritables servitudes, en vertu de la destination du père
« de famille, qui vaut titre à l'égard des servitudes continues
« et apparentes. »

On reconnaît la destination du père de famille d'après la disposition et les changements que le propriétaire a faits dans ses maisons ou sur ses autres héritages, soit pour son utilité, soit pour satisfaire sa fantaisie et ses goûts. Voyons ce qui arriverait dans le cas où le fonds qui produit la source viendrait à être divisé par l'effet d'un partage ou d'une vente. Supposons qu'il y ait partage entre plusieurs héritiers et que chacun des lots, ou quelques-uns d'eux seulement, soient arrosés par la source; il est évident qu'il y a destination du père de famille à l'égard de ces lots, et celui dans le terrain duquel naît cette source n'aurait pas le droit d'en changer le cours, encore moins de la supprimer au préjudice de ses copartageants, lors même que la prescription ne serait pas accomplie. — Prenons maintenant le cas où il y a vente partielle ; si l'on divise la propriété en un certain nombre de lots, et que l'un des acquéreurs achète seul le lot où se trouve la source, aurait-il le droit de détourner le cours de l'eau, et même de supprimer la source ? La destination du père de famille pourra-t-elle être invoquée par les divers acquéreurs ? — La question présente quelque difficulté dans le cas où le contrat ne dit rien à cet égard. Cependant la majorité des auteurs pense que l'acquéreur du terrain d'où jaillit la source ne pourrait la supprimer au préjudice des divers acquéreurs, et que ceux-ci pourraient invoquer la destination du père de famille.

On peut nous objecter que la source appartient entièrement à celui dans le fonds duquel elle se trouve, et qu'en vertu du principe qui permet au propriétaire d'une source d'en jouir et disposer même au préjudice de ses voisins, il peut user des eaux comme il l'entend, et même au préjudice de ses coacquéreurs qui, vis-à-vis de lui, ne sont que des voisins. Mais nous répondrons avec M. Daviel qu'il y a, dans l'espèce qui nous occupe, une question de bonne foi qui doit entraîner la décision que nous avons donnée ; il est évident, par exemple, que si j'ai acheté des prairies, le prix que j'ai offert a été déterminé par la fertilité que le cours d'eau leur procurait ; et le droit de prise d'eau doit être considéré comme un accessoire virtuellement compris dans la vente. Cette décision est conforme à la loi 17 au Digeste, *de cont. empt.*, d'après laquelle le droit d'aqueduc est compris dans la vente de l'héritage à l'utilité duquel il est destiné, quoiqu'il n'en soit rien dit dans l'acte; elle est conforme, en outre, à l'art. 1133, aux termes duquel les conventions obligent, non-seulement à ce qui y est exprimé, mais encore à toutes les suites que l'équité, l'usage ou la loi donnent à l'obligation d'après sa nature; et à l'article 1615, portant que l'obligation de délivrer la chose comprend ses accessoires et tout ce qui a été destiné à son usage perpétuel.

Il n'est pas douteux que le vendeur et ses ayants cause ne pourraient agir au détriment des acquéreurs parcellaires: ceux-ci ont donc le droit, vis-à-vis de leurs coacquéreurs, d'invoquer la destination du père de famille, et surtout de soutenir que le cours d'eau est un accessoire de l'immeuble vendu.

§ IV.

De la prescription en ce qui concerne les sources.

Nous arrivons au troisième et dernier moyen par lequel le propriétaire du fonds inférieur peut acquérir le droit aux eaux de la source : c'est la prescription. Pour qu'elle s'accomplisse, il ne suffira pas que l'eau de la source ait coulé pendant plus de trente ans sur le fonds inférieur par la pente naturelle du terrain; il ne suffirait pas encore que le propriétaire de ce fonds ait usé des eaux pendant plus de trente ans, soit dans sa propriété, soit dans le fonds supérieur, où il serait venu la prendre jusque dans le bassin de la source. Pour pouvoir prescrire, il faut une possession à titre de propriétaire, et les actes de pure faculté ou de simple tolérance ne pourraient fonder aucune possession utile à cet effet. L'article 642 du Code Napoléon énumère les conditions nécessaires à cette prescription; il est ainsi conçu : « La prescription, dans ce cas, ne peut s'acquérir que par une jouissance non interrompue pendant l'espace de trente années, à partir du moment où le propriétaire du fonds inférieur a fait et terminé des ouvrages apparents, destinés à faciliter la chute et le cours de l'eau dans sa propriété. »

La prescription court donc à partir du moment où le propriétaire inférieur a fait et terminé les ouvrages. Telles sont les expressions de la loi; jusqu'à leur entier achèvement, en effet, le propriétaire supérieur a pu les considérer comme une entreprise qui n'aurait pas de suite. Ainsi, la jouissance du cours d'eau pendant trente ans, avec ouvrages seulement commencés, ou après une demande en suppression formée par le propriétaire supérieur, ne suffit pas pour prescrire; il faut que les travaux soient apparents, et qu'ils aient été destinés à faciliter la chute et le cours de l'eau dans le fonds inférieur. Des conduits souterrains, par exemple, des canaux enfouis dans la terre, ne rempliraient pas la condition voulue par la loi, quand même ils existeraient depuis un temps immémorial, car l'une des conditions les plus essentielles de la possession à l'effet de prescrire est qu'elle soit publique. Il faut aussi qu'elle ait été contradictoire avec le propriétaire de la source; puisqu'elle tend à le dépouiller d'un droit de propriété, il est utile qu'il ait été interpellé par la publicité de l'entreprise; mais il n'est pas besoin que les travaux soient apparents dans toute leur étendue; et un aqueduc souterrain qui s'annoncerait par des regards extérieurs aurait le caractère de publicité requis par la loi. Il est également nécessaire que les ouvrages aient été pratiqués par le propriétaire du fonds inférieur, qui doit faire par lui-même, ou par des ouvriers à ses ordres, l'acte de possession ou de mainmise d'où résulte l'annonce de sa prétention. Le texte de l'art. 642 est formel à cet égard : Les ouvrages faits par le propriétaire inférieur doivent être destinés à faciliter la chute et le cours de l'eau dans sa propriété, ce qui veut dire qu'ils doivent constituer des ouvrages significatifs, qui ne laissent aucun doute sur son intention de tirer un parti quelconque de la source, dans l'intérêt de son fonds, et d'en acquérir la jouissance permanente.

Mais, après un grand nombre d'années une difficulté peut s'élever sur le point de savoir quel est le propriétaire qui a fait les travaux : il est vrai qu'une preuve de ce genre est assez difficile à fournir. Cependant la règle générale en pareil cas est celle-ci : Les ouvrages doivent être présumés faits par celui des propriétaires dans l'intérêt duquel ils sont établis : *is fecit cui prodest ;* car c'est lui qui les a véritablement possédés, et l'ancienneté des travaux n'est qu'un titre de plus en sa faveur.

L'article 642 se sert de ces expressions : A compter du jour où le propriétaire du fonds inférieur a fait des ouvrages apparents et destinés....... On pourrait croire, en lisant ces mots, qu'il faut absolument une construction, un aqueduc, par exemple, pour que l'article reçoive son application ; mais un arrêt de la cour de Bordeaux, du 5 juillet 1833, a décidé que l'importance des ouvrages apparents exigés pour fonder la prescription en matière de cours d'eau, s'apprécie d'après les fonds pour lesquels ils sont faits, et les auteurs modernes sont de cet avis.

Puisque c'est une prescription que les articles 641 et 642 consacrent, et que rien n'annonce qu'il s'agisse ici d'un délai préfixé, il s'ensuit que le cours en est suspendu par les mêmes causes qui, d'après l'art. 2252 C. N., suspendent en général celui de la prescription.

L'effet de la prescription acquise en faveur du fonds inférieur est d'empêcher le propriétaire supérieur de priver les inférieurs des eaux de sa source, mais non de lui en interdire à lui-même un usage équitable sur son propre fonds.

§ V.

Des droits des habitants d'une commune sur les eaux de sources.

L'art. 643 du Code Napoléon présente une nouvelle exception au droit absolu reconnu au propriétaire de la source par l'art. 641. Il s'exprime ainsi : « Le propriétaire de la source ne peut en changer le cours, lorsqu'il fournit aux habitants d'une commune, village ou hameau, l'eau qui leur est nécessaire ; mais si les habitants n'en ont pas acquis ou prescrit l'usage, le propriétaire peut réclamer une indemnité, laquelle est réglée par experts. »

L'intérêt public fait ici fléchir le droit de propriété ; le législateur confère sans expropriation un droit de servitude au profit de la commune et grève le propriétaire de la source. Il y a là une restriction importante, une altération d'un droit sacré, d'où la conséquence qu'elle ne doit pas être étendue au delà des termes qui l'établissent. Ainsi, les habitants qui réclament le bénéfice de l'exception doivent donc se trouver dans le cas spécialement prévu par l'art. 643 ; de là il résulte que plusieurs propriétaires, dont les maisons se touchent, ne pourraient invoquer le bénéfice de cet article, même en alléguant leurs besoins individuels. Il faut qu'il s'agisse du besoin de toute une commune, de tout un village, ou au moins de tout un hameau ; l'administration aura seule le droit de décider si telle ou telle réunion d'habitants éloignée du chef-lieu de la commune ou du village doit être considérée comme hameau.

Remarquons que l'art. 643 n'est applicable qu'autant que l'eau est nécessaire aux habitants de toute une commune, de tout un village ou de tout un hameau ; un simple intérêt de commodité ne suffirait évidemment pas ; et même une utilité bien marquée serait insuffisante. Il faut qu'il y ait nécessité. Du reste, la nécessité dont il est ici question ne concerne que les besoins domestiques, et le bénéfice de l'art. 643 ne saurait être invoqué, ni pour les besoins de l'agriculture, ni comme moyen curatif, ni comme force motrice pour usines. Ici se présente une question assez importante. Les habitants ont-ils le droit de contraindre le propriétaire de la source à leur ouvrir un passage sur son fonds, pour qu'ils puissent exercer le droit qui leur est conféré par l'art. 643 ? Certains auteurs soutiennent la négative. D'après l'art. 643, le propriétaire est seulement tenu de ne pas changer le cours de la source ; on ne saurait, disent-ils, ajouter à cette servitude l'exorbitante aggravation qui grèverait son fonds d'un droit de passage au profit des habitants de tout un village et le mettrait dans l'impossibilité de se clore. Il est impossible d'adopter cette opinion ; car ce même art. 643 dit que le propriétaire ne peut en changer le cours lorsqu'il fournit, etc., etc. Du moment où la loi enlève au propriétaire de la source, dans le cas où l'eau est nécessaire aux habitants, la propriété pleine et entière de cette même source, il faut bien que cette nécessité soit satisfaite, quoique le passage puisse avoir quelque inconvénient. Pourrait-on concevoir, en effet, un propriétaire qui s'opposerait à l'application de l'art. 643, parce qu'il faudrait passer sur son pré pour arriver à sa source? Dans tous les cas, la difficulté devra se résoudre dans une question d'indemnité, à un chiffre plus ou moins élevé, suivant les circonstances. Lorsqu'un propriétaire concède le droit de prendre de l'eau à son puits, le passage est bien compris dans la servitude, alors même que les parties ne se seraient pas exprimées sur ce point ; il doit en être de même dans le cas prévu par l'art 643.

Le titre des habitants pour puiser de l'eau de la source, et par conséquent pour y arriver, résulte virtuellement de la loi elle-même.

M. Pardessus prétend que le propriétaire de la source peut user à son gré des eaux pour les besoins de son fonds, quand même les avantages qu'en retire la commune seraient diminués ; et cela, parce que l'art. 643 ne lui interdit que d'en changer le cours ; c'est là, à coup sûr, une erreur échappée au savant auteur ; car ici, ce n'est pas seulement au superflu du propriétaire de la source que la commune a droit, c'est à ce qui lui est nécessaire ; elle passe avant le propriétaire, dont le droit pourra être réduit de beaucoup, mais qui ne peut évidemment réclamer contre cette charge, en présence de l'art. 643. Mais il est reconnu par la majorité des auteurs que l'art. 643 ne fait pas obstacle au droit appartenant à tout propriétaire de faire des fouilles dans son fonds pour y découvrir des eaux de source ; et la commune n'aurait aucune action contre lui, alors même que ces fouilles, faites sans aucune intention de diminuer le volume des eaux, auraient pour effet de nuire à la source nécessaire aux habitants.

Le propriétaire d'un domaine l'est aussi de la source qui y naît, de la même manière qu'il est propriétaire du fonds lui-même; or, comme on ne peut devenir propriétaire, ou jouir du bien d'autrui, même au cas d'utilité publique, sans indemniser le propriétaire, l'art. 643, qui restreignait son droit au profit des communes, devait consacrer en sa faveur le principe d'indemnité; c'est ce qu'il explique en ces termes : « Si les habitants n'ont pas acquis ou prescrit l'usage de la source, le propriétaire peut réclamer une indemnité, laquelle est fixée par experts. » Ceci est conforme au principe consacré par l'article 545 du Code Napoléon.

Cette indemnité, comme on le sent bien, ne doit pas être basée sur l'avantage que la commune, le village ou le hameau retirent de l'usage du cours d'eau, mais bien sur le tort qu'éprouve le propriétaire de la source, qui perd le droit d'en changer la direction.

Ici se présente une difficulté : la loi suppose que les habitants ont prescrit ou qu'ils ont acquis par un arrangement fait avec le propriétaire, l'usage de l'eau ; c'est-à-dire le droit de s'en servir. Mais, dit-on, ce droit, ils l'ont déjà ; c'est la loi même qui le leur confère sous la condition d'une indemnité à payer; comment donc pourraient-ils l'acquérir à nouveau ? Il est évident que cela ne se peut pas : la loi s'est mal expliquée ; ce que les habitants peuvent acquérir, ce n'est pas l'usage de l'eau, ils l'ont déjà ; c'est tout simplement la libération de l'indemnité dont la loi les constitue débiteurs. Il n'y a donc ici qu'une prescription libératoire de l'obligation de payer l'indemnité due au propriétaire de la source, d'où l'on conclut qu'il n'est pas nécessaire, pour qu'elle s'accomplisse à leur profit, qu'ils aient fait des ouvrages apparents. Il suffit que le propriétaire les ait laissé passer pendant trente ans, à compter du jour où ils ont fait usage de la source, sans réclamer d'eux l'indemnité dont ce fait les a constitués débiteurs envers lui.

Les deux exceptions qui viennent d'être examinées sont les seules que notre Code ait faites à la règle de l'art. 644. Il ne serait donc point permis d'en admettre d'autres, en invoquant même des raisons d'analogie ou d'utilité publique.

CHAPITRE III.

DES FONDS BORDÉS OU TRAVERSÉS PAR UNE EAU COURANTE.

Il n'existe pas de preuve plus éclatante de l'action continuelle de la Providence sur tous les êtres vivants, que cette admirable création de l'eau, qui coule sans cesse au profit de l'humanité tout entière. Là, point de priviléges, elle coule pour tous, et au profit de tous. Les mille contours, les mille circuits des fleuves et des petits cours d'eau révèlent surtout cette pensée prévoyante d'une communauté générale au profit du genre humain. Mais de cette volonté de distribution égalitaire résulte cette conséquence, que le droit de l'un est limité par celui de l'autre ; le premier occupant ne doit donc avoir que l'avantage d'user le premier du domaine commun ; il a le *jus utendi*, mais non le *jus abutendi* ; il ne peut usurper à son profit des avantages naturels, et dissiper, dans un intérêt égoïste, une dot providentielle qui constitue la fortune de tous. Cette vérité n'a pas été un seul instant méconnue, même sous le régime féodal ; on lit, en effet, dans l'art. 206 de la Coutume de Normandie, ce qui suit : « Les seigneurs, quoique
« réputés propriétaires des rivières, ne peuvent en détourner
« les eaux qu'à la charge de les rendre, à l'issue de leurs
« fiefs, à leur cours ordinaire, et sans dommage d'au-
« trui. »

L'art. 644 du C. N. est conçu à peu près dans les mêmes termes que la Coutume de Normandie, et certainement inspiré par le même esprit. L'usage des cours d'eau a donné lieu à de nombreux procès, desquels sont sorties des règles générales dont l'intelligence est facile, car elles reposent sur le for intérieur combiné avec les principes déposés dans les articles 644 et 645. Mais l'application peut parfois en paraître très-délicate en raison de la diversité des intérêts et de l'obligation de les satisfaire tous à peu près également.

D'après l'art. 644, « celui dont la propriété borde une eau
« courante, autre que celle qui est déclarée dépendance du
« domaine public par l'art. 538, au titre de la distinction des
« biens, peut s'en servir à son passage pour l'irrigation de ses
« propriétés; celui dont cette eau traverse l'héritage peut
« même en user dans l'intervalle qu'elle y parcourt, mais à la
« charge de la rendre à la sortie de son fonds à son cours
« ordinaire. »

Ainsi, cet article prévoit deux cas : celui où le cours d'eau longe seulement une propriété et celui où il la traverse. Cette division sera la nôtre et fera l'objet des deux sections de ce chapitre.

SECTION I.

DES FONDS BORDÉS PAR UNE EAU COURANTE.

Dans le premier cas prévu par l'art. 644, l'eau borde seulement l'héritage du riverain. Alors le droit du propriétaire doit être limité de manière qu'il ne nuise pas aux autres riverains, en absorbant exclusivement l'eau pour son usage. Mais enfin, puisqu'en sa qualité de riverain il peut faire servir le cours d'eau à l'irrigation de sa propriété, il s'ensuit qu'il peut aussi, par cela même, faire tout ce qui est nécessaire pour cet objet. Il lui est permis, par exemple, de pratiquer dans ce cours d'eau des saignées ou rigoles pour faire dériver l'eau dans son fonds; là, il est vrai, se bornait son droit avant la loi des 11-15 juillet 1847, qui est venue modifier gravement la loi et la jurisprudence à cet égard, en lui permettant d'établir un barrage, une écluse ou tout autre ouvrage d'art, pour procurer à l'eau un exhaussement propre à la faire refluer dans le fonds, pourvu qu'il n'y ait pas abus de sa part et que les travaux exécutés ne causent pas d'injustes dommages aux riverains inférieurs.

La part de chacun des riverains dans cette commune jouissance doit être égale, autant que possible; mais on ne peut fixer à cet égard une règle mathématique; l'étendue respective des fonds, la nature du sol, le genre de culture et d'exploitation sont à prendre en considération pour déterminer la quantité d'eau dont chaque riverain pourra disposer. C'est ainsi qu'en droit romain la loi 17 au Digeste, *de servit. rust. præd.*, décidait que l'eau devait être distribuée entre les propriétaires, *ad irrigandos agros pro modo possessionum*. Le Code a reconnu cette doctrine non-seulement par l'art. 644, mais encore par les termes et l'esprit de l'art. 645, qui accorde aux tribunaux un pouvoir discrétionnaire à cet égard et reconnait lui-même l'impossibilité d'une règle absolue et invariable sur ce point. Le texte de l'art. 644 n'accorde le droit d'irrigation qu'aux seuls riverains; c'est là un privilége fondé sur la justice. Obligés de supporter les inconvénients et même d'être exposés aux dangers qui résultent si souvent du voisinage des eaux, il est juste qu'ils aient seuls le droit de jouir des avantages qu'elles peuvent procurer. Il est toutefois une proposition toujours incontestable : c'est qu'aucun des coriverains ne peut détourner le cours de l'eau : tel est le sens de ces mots de l'art. 644 qui autorise seulement le riverain à s'en servir à son passage, c'est-à-dire sans en déplacer accidentellement et momentanément le lit. Ceci découle d'un principe de justice; car de ce déplacement résulterait pour l'autre riverain la privation de la contiguïté du cours d'eau. M. Pardessus, après avoir reconnu que l'eau, dans son cours naturel, doit toucher la propriété de celui qui veut en profiter, ajoute :
« Toutefois, s'il n'était séparé du cours d'eau que par un
« chemin public, et si l'administration lui permettait de con-

« struire sous ce chemin un aqueduc propre à lui faciliter
« l'usage des eaux, il devrait jouir du même avantage que le
« riverain immédiat. » Cela sera vrai tout autant que l'usage
des eaux ne portera aucun préjudice aux riverains inférieurs.
L'État, quel que soit son pouvoir supérieur sur les eaux, ne
pourrait porter atteinte à la disposition formelle du Code, et
les riverains qui souffriraient de cette concession auraient
certainement le droit de s'y opposer.

Il n'est pas indispensable, comme on pourrait le croire,
que les travaux nécessaires à l'irrigation soient pratiqués par
le riverain dans la berge même de son propre fonds; rien ne
s'oppose, d'ailleurs, à ce qu'il dérive l'eau sur sa propriété, au
moyen d'une prise établie sur un héritage supérieur au sien,
lorsque le propriétaire y consent; car alors la convention
des parties l'emporte sur les principes du droit. Si un cours
d'eau s'ouvrait un nouveau lit en abandonnant l'ancien, les
propriétaires riverains du lit abandonné pourraient-ils
exercer des dérivations, construire un aqueduc, pour continuer à jouir du cours d'eau? Très-certainement non; l'article 563 du Code Napoléon s'y oppose, et puis d'ailleurs nous
nous contenterons de répondre qu'ils ne sont plus riverains,
qu'ils ne remplissent plus les conditions de l'article 644, et
que, par conséquent, ils ne peuvent plus profiter des avantages d'une position qu'ils ont perdue.

Poursuivons l'explication de notre article 644, première
partie; nous voyons qu'il accorde à celui dont la propriété
borde une eau courante le droit de s'en servir pour l'irrigation de ses propriétés. — Ces derniers mots ont soulevé
plusieurs difficultés; mais, avant de les expliquer, il est bon
de faire ressortir un principe qui nous semble incontestable :
c'est que le propriétaire riverain peut faire participer au bénéfice de l'irrigation toutes les terres qu'il possède, si étendues qu'elles soient, dès qu'elles se rattachent sans solution
de continuité à sa propriété riveraine. Parmi les nombreuses

questions que soulèvent ces difficultés, il en est quelques-unes que je vais examiner.

1° Le propriétaire riverain pourrait-il, sans le consentement de ses coriverains et des riverains inférieurs, faire participer au bénéfice de l'irrigation ses propriétés non riveraines séparées du cours d'eau par des propriétés appartenant à un tiers, en obtenant le consentement de ce propriétaire intermédiaire, ou en invoquant la loi du 29 avril 1845 ?

Certains jurisconsultes soutiennent que ce droit ne lui appartient pas : ils se fondent sur les termes mêmes de l'article 644, qui ne s'applique qu'aux propriétés riveraines ; leur argumentation est d'ailleurs très-sérieuse ; l'interprétation contraire semble cependant avoir été adoptée par le législateur de 1845. (Loi du 29 avril.) Il déclare, il est vrai, que rien ne sera changé dans les droits des riverains, tels que la législation existante les a consacrés; mais nous verrons qu'il a résolu les doutes soulevés par cette question ; nous établirons bientôt qu'il résulte de l'article 1er de la loi de 1845 que le propriétaire riverain peut demander un passage sur les fonds intermédiaires pour transmettre à ses propriétés non riveraines la quantité d'eau dont il a le droit de disposer.

2° Le propriétaire riverain pourrait-il concéder l'eau à un tiers non riverain, soit que celui-ci dût la venir prendre au cours d'eau lui-même, soit qu'il dût exercer sa prise d'eau à un canal creusé dans le fonds riverain ? Les mêmes jurisconsultes, qui enseignent que le propriétaire riverain ne peut, sans le consentement des coriverains et des riverains inférieurs, transmettre à ses terres non riveraines le bénéfice de l'irrigation, doivent, pour être logiques, enseigner aussi qu'il ne peut pas le céder à un tiers non riverain; ils décident en effet qu'une telle cession serait nulle.

De notre côté, pour être conséquent avec nous-même, nous devons décider le contraire, c'est-à-dire que cette cession est parfaitement valable ; c'est d'ailleurs ce que nous établirons en nous occupant de la loi du 29 avril 1845.

Il est à remarquer que l'on est généralement d'accord pour reconnaître qu'un propriétaire, même non riverain, pourrait avoir droit aux eaux, soit en vertu de quelque ancien statut ou usage local, sous l'empire duquel ce droit lui aurait été acquis conformément à la loi du temps ; soit en vertu d'une convention consentie par tous les intéressés, ou bien de la prescription accomplie suivant les conditions exigées en pareil cas, ou enfin de la destination du père de famille.

3° Si le propriétaire riverain augmente l'étendue de son fonds par des acquisitions de terrains contigus, ou si le propriétaire non riverain acquiert le terrain qui le séparait du cours d'eau, le droit d'irrigation appartiendra-t-il à tout le terrain nouveau qui viendra s'ajouter, dans l'une et l'autre hypothèse à la propriété riveraine ?

Examinons d'abord rapidement le système de ceux qui soutiennent la négative. Ils posent de suite ce principe, à savoir : que la servitude accordée à un certain héritage ne doit pas être étendue à un autre héritage, qui, originairement, n'avait pas le droit d'en user, alors même que ces deux héritages, maintenant réunis, n'en formeraient désormais qu'un seul. Or, ajoutent-ils, l'art. 644 n'accorde le droit d'irrigation qu'aux fonds riverains ; donc la concession légale est définie et limitée, elle ne peut, pas plus qu'une concession conventionnelle, être étendue à un fonds auquel son texte ne s'applique pas.

Nous répondrons que si l'art. 644 n'accorde le droit d'irrigation qu'aux propriétés riveraines, il l'accorde du moins à toutes, quelle que soit leur étendue, et sans distinguer si ces propriétés riveraines ont été formées de la réunion de plusieurs pièces autrefois séparées, ou si ces pièces réunies sont actuellement de mêmes ou de différentes cultures ; or, les terrains dont il s'agit ne forment plus désormais par leur réunion qu'un seul morceau et qu'une même propriété riveraine ;

donc, aux termes de l'art. 644, cette propriété riveraine a droit pour toute son étendue au bénéfice de l'irrigation.

4° Enfin, en cas de division du fonds riverain par l'effet d'un partage, ou de tout autre mode d'aliénation, les parties qui cessent d'être riveraines continuent-elles d'avoir droit à l'eau courante pour l'irrigation?

Pour résoudre cette question, il est utile d'établir certaines distinctions. Supposons que le débat s'engage entre les riverains supérieurs ou inférieurs, ou coriverains opposés, et les copartageants ou acquéreurs qui ne sont plus riverains; dans ce cas, ces derniers peuvent repousser les riverains supérieurs ou inférieurs et les coriverains opposés, en leur disant: que là où il n'y a pas d'intérêt, il ne peut y avoir d'action; que, pourvu que le cours d'eau ne soit pas amoindri par les dispositions nouvelles, peu importe qu'un seul ou que dix jouissent du bénéfice des eaux, jouissance qui ne modifie en rien leur droit antérieur et qu'ils tiennent directement de leur auteur. Les adversaires de cette opinion viennent dire que les parties non riveraines, ayant cessé de former un tout avec les parties riveraines, n'ont plus le droit de prendre les eaux au regard des propriétaires inférieurs ou de ceux de la rive opposée.

Admettons maintenant que le débat s'engage entre le cohéritier ou l'acquéreur resté seul riverain et ses cohéritiers ou coacquéreurs. Là, il n'y a aucune difficulté; il faudra consulter les titres, actes de partage, actes de vente ou autres. Supposons que le titre soit muet : même dans ce cas, les cohéritiers ou coacquéreurs parcellaires ont, selon nous, droit aux eaux, si les parcelles qui ne sont plus riveraines bénéficiaient du cours d'eau par suite des dispositions habituelles de l'auteur commun. Nous croyons même qu'il ne serait pas utile qu'il existât des ouvrages apparents, une simple rigole par où couleraient habituellement les eaux suffirait pour démontrer le droit des héritiers ou acquéreurs parcellaires.

L'article 644 accorde à celui dont le fonds borde une eau courante le droit de s'en servir à son passage pour l'irrigation de ses propriétés ; de là il faut conclure qu'il est obligé de rendre l'eau qui reste à son cours naturel, et qu'il ne pourrait la recueillir dans des citernes ou réservoirs. Mais est-il exact de dire que celui dont la propriété borde une eau courante ne puisse absolument se servir de cette eau pour aucun autre usage que l'irrigation de ses propriétés ? Telle est bien la doctrine de M. Hennequin, mais nous croyons que c'est là une conclusion trop absolue ; d'abord on peut, et cela est incontestable, employer l'eau dans une certaine mesure, à des usages d'utilité domestique, ou même de simple agrément, et puis il existe une telle affinité entre l'eau et les terres qu'elle borde, qu'on peut la considérer comme un appendice de ces terres et de ces habitations. Par application du même principe, nous déciderions que le riverain d'un seul côté peut utiliser les eaux, même pour l'exercice d'une profession ou d'une industrie qui en nécessiterait l'emploi : un teinturier, un tanneur, par exemple, pourraient prendre l'eau nécessaire à l'exercice de leurs professions, et cela, même au moyen d'un canal qui la conduirait chez eux. La petite quantité d'eau qu'il leur faut, comparativement à celle qu'absorbe l'irrigation d'un pré, justifie suffisamment cette décision. M. Demolombe soutient que le riverain d'un seul côté pourrait détourner le cours de l'eau dans son fonds, sauf à le rendre à l'extrémité de sa propriété à son cours ordinaire, à la condition, toutefois, que le riverain opposé n'éprouvât aucun préjudice, et n'eût dès lors aucun intérêt à s'y opposer. — C'est là étendre un peu trop le droit de celui qui ne possède qu'une seule rive : il peut se faire que le riverain opposé ait une rive trop escarpée pour pouvoir user de l'eau pour l'irrigation, mais il a le droit de pêche, il peut avoir un bateau : en admettant même qu'il n'eût que la vue de l'eau, cette vue seule donne de la valeur à la propriété et suffit pour empêcher le propriétaire riverain d'un seul côté de détourner les eaux.

Le droit pour le riverain d'un cours d'eau de faire servir les eaux à l'irrigation de son héritage, étant de pure faculté, est imprescriptible. La seule exception qui puisse exister à cette règle est le cas où le riverain qui oppose la prescription a fait sur le fonds de son coriverain des actes contradictoires de possession.

Pour terminer cette section, il faut étudier une dernière question : le riverain d'un seul côté pourrait-il employer l'eau comme force motrice ?

On a enseigné, et M. Duranton est de cet avis, que le riverain d'un seul côté ne pouvait pas, sous le Code Napoléon, se servir de l'eau pour faire mouvoir les usines qu'il construirait sur son fonds, et que s'il obtenait à cet effet de l'administration l'autorisation d'élever un moulin ou toute autre usine, c'était alors un acte d'administration plutôt que l'exercice d'un droit reconnu par le Code.

Cette solution est trop absolue, et pour résoudre plus facilement la question, il faut de suite mettre hors de cause les moulins et usines ayant une existence légale antérieure à 1789. — Pour ce qui est de ces établissements, ils ont toujours dû, et d'après la doctrine, et d'après la jurisprudence judiciaire et administrative, continuer à jouir, soit depuis les articles 644 et 645 du Code, des droits résultant des conditions constitutives de leur établissement : c'est là ce qui résulte des termes de l'article 645. — La jurisprudence a même étendu l'application de ce principe aux moulins et usines anciennement établis, à l'égard desquels les propriétaires actuels ne pourraient pas représenter d'acte de concession ou d'autorisation seigneuriales : leur existence prolongée dans l'ancien droit, pendant le temps requis pour la prescription, a été considérée comme une autorisation tacite, formant un titre aussi solide qu'une autorisation expresse. Mais que décider sous l'empire des lois nouvelles ? Il faut reconnaître que le défaut d'autorisation n'empêche pas le riverain propriétaire d'une usine qui ne cause d'ailleurs aucun dommage aux autres riverains, d'actionner ceux-ci en justice, à raison du dommage qu'ils causeraient à son établissement. — L'article 645 prouve lui-même que l'intérêt de l'agriculture n'est pas le seul dont les rédacteurs du Code Napoléon se soient préoccupés, puisqu'il est recommandé aux magistrats de concilier l'intérêt de l'agriculture avec le respect dû à la propriété ; or, il paraît certain que la propriété industrielle doit trouver là sa garantie, tout aussi bien que la propriété territoriale.

Enfin, cette interprétation, qui n'a rien que de très-conforme au texte, doit d'autant plus être admise aujourd'hui, en présence des merveilleux produits de l'industrie manufacturière, qu'il importe au plus haut degré de ne pas laisser les lois en dehors du mouvement social, et dans l'impuissance de seconder les développements de la richesse publique.

SECTION II.

LES FONDS TRAVERSÉS PAR UNE EAU COURANTE.

Nous avons terminé ce qui est relatif à la première partie de l'art. 644, et nous passons maintenant à l'explication du deuxième alinéa de ce même article.

Le propriétaire dont une eau courante traverse l'héritage a reçu de la loi des droits plus étendus que celui dont elle borde seulement la propriété ; il peut l'employer à l'usage qu'il juge le plus convenable dans l'intervalle qu'elle y parcourt ; il a même le droit d'en changer la direction, et il n'est tenu que de la rendre à la sortie de son fonds, à son cours ordinaire. C'est bien là ce qui résulte des termes de l'art. 644, 2ᵉ partie. Les propriétaires riverains d'un cours d'eau, soit que la rivière ou le ruisseau borde leur héritage, soit qu'il le traverse, ne sont en quelque sorte que des dépositaires obligés de rendre le dépôt qu'ils ont reçu, à d'autres riverains également dépositaires, et aussi favorables qu'eux ; et ainsi de suite, jusqu'à l'endroit où le cours d'eau expire peu à peu, ou se réunit à un fleuve. Il est, du reste, bien entendu qu'il faut défalquer la quantité d'eau nécessaire à leur exploitation.

Celui dont l'eau courante traverse l'héritage peut s'en servir pour tout espèce d'ouvrages agricoles, industriels, ou même de simple agrément. Il a, on le comprend facilement, certains avantages sur celui qui n'est riverain que d'un seul côté; en voici quelques exemples :

Il peut appuyer sur chacune des rives latérales qui lui appartiennent tous les ouvrages d'art nécessaires, car il n'aura pas à craindre de mécontenter personne, ou de nuire à qui que ce soit; cependant, il devra toujours se conformer aux règlements administratifs. Il est bien vrai que la loi du 15 juillet 1847 a autorisé le riverain d'un seul côté à acquérir, moyennant une indemnité, le droit d'appui sur le bord du riverain latéral; mais il faut remarquer que cette loi a seulement trait aux irrigations, de sorte que c'est toujours un grand avantage pour le propriétaire riverain des deux côtés de pouvoir appuyer sur les deux rives toute espèce d'ouvrages, quelle qu'en soit la destination.

Celui dont le cours d'eau traverse l'héritage peut, en général, employer toute la quantité d'eau qui lui est utile; il n'est tenu de laisser aux riverains inférieurs que ce qui reste après ses besoins satisfaits. Il résulte, en effet, du deuxième alinéa de l'art. 644, qu'il peut en user, sans aucune autre restriction à ce droit, que celle résultant de l'obligation de rendre l'eau à son cours ordinaire; d'où vient donc cette espèce de droit de préoccupation et de préférence pour les propriétaires supérieurs, à l'encontre des inférieurs, si ce n'est de la situation naturelle des lieux ?

On comprend très-bien que les deux riverains, qui se trouvent face à face avec des droits égaux, soient obligés à des ménagements réciproques dans le concours de cette jouissance simultanée : car il est juste que l'un, dans l'exercice de son droit, ne détruise pas ou ne diminue pas le droit de l'autre ; mais, lorsque au contraire il existe une vocation graduelle et successive des supérieurs et des inférieurs, il est bien certain que la situation des héritages, attribuant la priorité au supérieur, semble ne laisser aux inférieurs qu'un droit en quelque sorte éventuel sur ce qui excédera les besoins des premiers. Cette doctrine a été combattue : une foule d'opinions se sont élevées à ce sujet ; mais ce serait à tort qu'elles prétendraient aboutir à une conclusion absolue. Ainsi, tout en maintenant en principe le droit antérieur et préférable du propriétaire dont le fonds est traversé par le cours d'eau, il est juste de reconnaître qu'il faut tenir compte aussi, dans une équitable mesure, des droits et des besoins du propriétaire inférieur.

Le propriétaire dont le fonds est traversé par l'eau peut en déplacer le lit et la faire serpenter et circuler chez lui, à la charge de la rendre à son cours ordinaire, à la sortie de son fonds ; c'est-à-dire au cours qu'elle aurait conservé, si elle n'eût pas été dérivée ; il ne lui serait donc pas permis de changer le courant, de façon à en faire jouir un autre propriétaire que celui vers lequel le cours ordinaire aurait naturellement conduit l'eau, si elle n'eût pas été détournée. A la sortie de son fonds, c'est-à-dire encore au point où il cesse d'être propriétaire, soit des deux rives, soit seulement de l'une d'elles. Telle est bien la règle ; mais je crois, avec M. Pardessus, que le vœu de la loi serait suffisamment rempli, dans le cas où la position du terrain présentant quelque obstacle, le propriétaire riverain des deux côtés ne rendrait l'eau que par une sortie pratiquée sur un autre fonds dont il n'est pas propriétaire, mais avec le consentement du maître de ce fonds.

SECTION III.

RÈGLES COMMUNES AUX DEUX HYPOTHÈSES PRÉVUES PAR L'ART. 644.

Nous venons d'examiner séparément les deux hypothèses prévues par l'art. 644; il nous faut ici, pour être complet, poser les règles ou propositions générales, qui semblent communes à l'une et à l'autre, et qui sont, suivant nous, applicables à tous les propriétaires d'une eau courante, soit que cette eau borde seulement leurs héritages, soit qu'elle les traverse.

1° Le propriétaire d'une rive, ou des deux rives, ne peut se servir ou user de l'eau, de manière à nuire à autrui, c'est-à-dire aux coriverains, soit au propriétaire inférieur, soit au supérieur; il est à remarquer que quelques auteurs ne parlent que des riverains inférieurs; mais les travaux peuvent nuire également au propriétaire supérieur, par exemple si un barrage retarde l'écoulement de l'eau et la fait refluer en amont. La conséquence de cette règle est que l'un des riverains n'aurait pas le droit de rendre ses eaux insalubres ou impropres aux usages ordinaires de la vie.

2° Les propriétaires riverains doivent se conformer aux règlements administratifs qui ont été faits par l'autorité compétente sur les cours d'eau qui bordent ou qui traversent leurs fonds. Il est à remarquer en effet que tous les cours d'eau, sans distinction, navigables, flottables, ou non, sont soumis au pouvoir réglementaire de l'administration qui y exerce au nom de l'État un droit de surintendance et de police, dans le but de garantir soit les intérêts généraux de la salubrité publique, de l'agriculture et de l'industrie, soit les intérêts privés des riverains pour la meilleure et la plus équitable distribution des eaux entre les uns et les autres. Ce droit de police est consacré par la loi du 22 décembre 1789, qui voulait que les administrations de chaque département pourvussent à la conservation des rivières et au maintien de la salubrité et de la sûreté publique. Il est encore consacré par la loi en forme d'instruction des 12-20 août 1790, et par les articles 15 et 16, titre 2 du Code rural du 28 septembre, 6 octobre 1791. Ainsi, sous ce rapport, il est constant, en jurisprudence judiciaire et administrative, qu'il n'y a point lieu de distinguer entre les différentes espèces de cours d'eau.

3° Les divers droits qui sont attribués respectivement aux riverains peuvent être modifiés soit par des conventions particulières, soit par la prescription.

Que les riverains puissent par des conventions particulières modifier les règles d'après lesquelles la loi répartit entre eux les avantages qu'elle leur concède sur le cours d'eau, c'est là une proposition reconnue : car il est de principe que la convention fait la loi des parties, et qu'elle devient obligatoire pour elles, ainsi que pour leurs ayant-cause. Mais quant à la prescription, comme le droit de jouir des eaux est un droit de pure faculté qui est imprescriptible, la possession de l'usage exclusif des eaux de la part d'un riverain inférieur ne suffit pas, quelque longue qu'elle ait été, pour faire perdre aux propriétaires supérieurs leurs droits à l'usage de cette eau ; pas plus que le riverain supérieur d'un cours d'eau ne peut acquérir par prescription l'usage exclusif du cours d'eau au préjudice du riverain inférieur. Voilà bien le principe ; mais alors, que faut-il pour qu'un propriétaire riverain voie s'altérer et se perdre dans ses mains les droits ou plutôt les facultés que la loi lui accorde ? Il faut qu'il ait perdu ce libre arbitre qui constitue les simples facultés, et qu'un tiers soit venu pour ainsi dire s'interposer entre lui et la loi qui les lui concédait, et dans le but de détourner la concession à son profit.

La prescription pourra donc commencer à s'accomplir du jour où, dans l'exercice que je voudrais faire de la faculté qui m'appartient, je me trouverais en face d'un tiers qui prétendrait y faire obstacle, et contre qui il me faudrait agir : il faut absolument que la contradiction apportée par le tiers à l'exercice de ma faculté soit assez caractéristique pour annoncer manifestement : 1° la volonté de sa part de faire obstacle à l'exercice de la faculté qui m'appartient; 2° de ma part, l'acquiescement à cette volonté par l'inaction et le silence dans lequel je serais resté vis-à-vis de lui, depuis qu'il aura ainsi attenté à ma liberté.

Cette contradiction peut certainement résulter de l'établissement par l'un des riverains de digues, de barrages ou de travaux quelconques qui rendraient naturellement impossibles pour l'autre riverain l'exercice des droits de pêche, d'irrigation ou autres.

4° Enfin la quatrième proposition, commune aux deux hypothèses prévues par l'art. 644, est que les riverains sont recevables à exercer les actions possessoires, lorsqu'ils sont troublés dans la possession annale qu'ils ont du cours d'eau. Il est nécessaire pour cela que leur possession réunisse les conditions exigées par l'art. 23 du Code de procédure civile, c'est-à-dire qu'elle soit d'une année au moins, paisible et à titre non précaire, et elle sera à titre non précaire lorsqu'elle reposera soit sur la loi, soit sur un titre, soit sur des ouvrages de nature à produire la prescription au bout de trente ans. Mais le juge de paix ne doit pas apprécier le fonds du droit; il ne doit pas faire un règlement d'eau, car il violerait ainsi la règle fondamentale de son institution qui veut que le possessoire et le pétitoire ne soient jamais cumulés (art. 25 du Code de procédure civile).

S'il est de son devoir de s'enquérir du titre en vertu duquel la possession existe, ce n'est que pour apprécier le caractère de cette possession elle-même sur laquelle seulement il est appelé à prononcer.

SECTION IV.

SOUS QUELLES CONDITIONS ET DANS QUELLES LIMITES PEUT ÊTRE EXERCÉ LE POUVOIR RÉGLEMENTAIRE QUE L'ARTICLE 645 ACCORDE AUX TRIBUNAUX EN CETTE MATIÈRE.

L'art. 815 du Code Napoléon, aux termes duquel nul n'est contraint de demeurer dans l'indivision, ne peut s'appliquer qu'entre propriétaires. Or, les riverains des cours d'eau n'en sont pas propriétaires; ce sont des usagers, et en cette qualité ne pouvant partager la chose dont ils ont l'usage, ils sont tenus de rester perpétuellement dans l'indivision.

Pour obvier autant que possible aux inconvénients de cette communauté forcée, le législateur institue une autorité supérieure, chargée de concilier et de réglementer ces intérêts divers et souvent hostiles. Deux autorités ont cette mission à accomplir, chacune à un point de vue tout à fait différent et dans une sphère d'action très-distincte; ce sont : l'autorité judiciaire, en vertu de notre article 645, et l'autorité administrative, en vertu des lois qui lui confèrent sur tous les cours d'eau, sans exception, un droit de police.

§ I.

Mission de l'autorité judiciaire.

Aux termes de l'art. 645 du Code Napoléon, « s'il s'élève une contestation entre les propriétaires auxquels ces eaux peuvent être utiles, les tribunaux en prononçant doivent concilier l'intérêt de l'agriculture avec le respect dû à la propriété; et dans tous les cas les règlements particuliers et locaux sur le cours et l'usage des eaux doivent être observés ».

Ce n'est point un pouvoir exceptionnel et qui soit en dehors du caractère normal de leurs attributions, que cet article accorde aux tribunaux; il ne s'agit point ici pour les magistrats de prononcer par voie de dispositions générales et réglementaires : car la défense qui leur est faite par l'art. 5 s'applique aux cours d'eau aussi bien qu'à toutes les autres affaires. Mais c'est le pouvoir judiciaire qui est, de droit commun, compétent pour prononcer sur les contestations que fait naître entre les copropriétaires ou cousagers, la jouissance d'une chose indivise, et il peut en conséquence arrêter entre eux un règlement ou un partage de jouissance; or, les riverains ne sont que des cousagers dont la jouissance est indivise; donc il n'y a rien que de très-conforme aux règles du droit commun sur la compétence, à voir les magistrats chargés de prononcer sur les prétentions individuelles des riverains, lorsqu'ils se disputent des droits d'usage qui constituent dans leur patrimoine de véritables biens soumis, en tant qu'il ne s'agit que de leurs intérêts privés, aux règles de la loi commune, soit quant au fond, soit quant à la forme.

Cette idée une fois émise, il faut essayer de déterminer dans quels cas les tribunaux peuvent statuer sur ces sortes d'affaires, suivant quelles règles et comment, et quel est enfin l'effet de leur décision en pareil cas.

1° *Dans quels cas les tribunaux peuvent statuer sur ces sortes d'affaires.* — Ici comme partout, il faut que les tribunaux soient saisis par les parties intéressées, qui leur défèrent la décision du litige privé s'élevant entre elles. Ils peuvent l'être, soit au possessoire, soit au pétitoire. L'action peut prendre sa source dans un fait particulier, dans une entreprise quelconque consommée, ou simplement tentée par l'un des riverains, à l'encontre de l'autre, qui en nie la légitimité : alors les magistrats, après avoir prononcé sur l'objet déterminé du litige, peuvent régler au pétitoire, seulement entre les parties plaidantes, le mode de jouissance des eaux. L'art. 645 suppose, en effet, que les conclusions des parties comprennent virtuellement la demande d'un règlement de ce genre; mais rien ne s'oppose à ce que, même en l'absence de toute entreprise particulière, les riverains qui plaident saisissent de part et d'autre les magistrats, par une demande directe, dans le but d'obtenir un règlement d'eau, et ce règlement a le caractère d'un partage judiciaire de jouissance entre les riverains usagers. Les tribunaux sont d'ailleurs compétents à cet effet dans les deux hypothèses prévues par l'art. 644 ; ils peuvent régler le mode de jouissance, non-seulement entre les deux riverains latéraux, mais encore entre les riverains supérieurs et les riverains inférieurs.

2° *Suivant quelle règle et comment.* — Ici également, comme partout ailleurs, les tribunaux doivent décider entre les parties, c'est-à-dire accomplir ce précepte du droit romain : *suum cuique tribuere*. Mais pour savoir d'après quelles règles cette attribution devra avoir lieu, il faut distinguer : ou bien il existe des règlements particuliers ou administratifs qui déterminent le mode de jouissance de chacun, ou bien il n'en existe pas : dans le premier cas, il est de toute évidence que les magistrats doivent se borner à reconnaître et à déclarer les droits respectifs, tels qu'ils sont déjà réglés. Il faudrait décider la même chose en ce qui concerne les droits privés, qui résulteraient valablement soit de la destination du père de famille, soit de la prescription.

Dans tous les cas, les tribunaux doivent maintenir les règlements locaux, c'est-à-dire ceux faits par l'autorité administrative pour toute l'étendue d'un cours d'eau, ou même pour une certaine partie de son parcours. Ce n'est pas seulement les règlements nouveaux que l'art. 645 recommande aux magistrats d'observer, mais encore les anciens, émanés par exemple du seigneur ou des autres autorités investies autrefois du pouvoir réglementaire et dont les actes ont continué de subsister tant qu'il n'y a pas été dérogé par les lois nouvelles.

Mais, lorsqu'il n'existe aucun règlement, ni privé, ni public, l'art. 645 laisse aux magistrats un pouvoir modérateur et discrétionnaire, en vertu duquel ils doivent prononcer sur ces sortes de contestations *ex æquo et bono*, en imposant de part et d'autre des concessions réciproques suivant les circonstances, eu égard à l'étendue des fonds, à la nature du sol et aux intérêts si nombreux et si divers qui s'y trouvent engagés presque toujours avec plus ou moins de complications. Ce que les magistrats doivent surtout considérer, c'est si les eaux peuvent être utiles aux parties litigantes, et dans quelle mesure. Il n'y a point d'action sans intérêt, et on ne doit pas encourager la malice et l'envie de nuire à autrui sans profit pour soi-même; il est d'ailleurs impossible de poser à cet égard de règles absolues.

L'art. 645 recommande aux tribunaux de concilier l'intérêt de la propriété avec celui de l'agriculture. Il ne faut pas interpréter judaïquement cette expression : le mot *agriculture* n'est ici qu'énonciatif de l'un des intérêts puissants qui naissent de l'usage des eaux. D'ailleurs, à cette époque où le Code Napoléon fut promulgué, il y avait encore bien peu d'établissements industriels sur les cours d'eau, comparativement à ce qui existe de nos jours, et le législateur a été surtout frappé de la nécessité des irrigations dans l'intérêt de l'agriculture. Mais aujourd'hui il faut interpréter l'art. 645 d'une manière plus large, méditer sur les intérêts immenses créés par les usines diverses alimentées par les cours d'eau, et dans les contestations qui s'élèvent, arriver à concilier les intérêts de la propriété avec ceux de l'agriculture et de l'industrie. Le pouvoir discrétionnaire des magistrats ne peut s'exercer que dans les limites tracées par la loi; et dans le partage ainsi que dans le règlement de jouissance qu'ils établissent entre les riverains, ils doivent prendre pour règle leurs droits respectifs, tels qu'ils sont déterminés par l'article 644.

Un arrêt de la Cour de cassation, à la date du 3 décembre 1845, a décidé que les magistrats peuvent, en vertu de l'art. 645, faire le règlement non-seulement du cours d'eau lui-même, mais aussi des affluents qui l'alimentent.

3° *Quel est enfin l'effet de leurs décisions en pareil cas.* — Il n'est pas difficile de les déterminer, du moment que l'on se rappelle que ces décisions sont de véritables jugements; de là il résulte :

1° Que ces décisions deviennent la loi commune des parties qui figuraient dans l'instance et de leurs ayants cause;

2° Qu'elles ne peuvent pas en général être réformées ni modifiées par les juges;

3° Qu'elles se renferment essentiellement dans leur objet et ne peuvent ni profiter ni nuire aux autres riverains qui n'étaient point parties dans l'instance.

§ II.

Observation générale sur la mission de l'autorité administrative en ce qui concerne les cours d'eau.

La compétence de l'autorité judiciaire vient d'être déterminée, et par contre-coup nous avons en quelque sorte, *forma negandi,* fixé la part d'attribution qui revient à l'autorité administrative.

L'autorité administrative ne juge pas, elle gouverne. « Les actes que font les échevins, disait Loyseau, sont des actes de gouvernement et non de justice »; et de même que les tribunaux ne pourraient pas décréter des règlements généraux de police, de même l'administration n'aurait pas le droit de venir décider entre des riverains une contestation particulière sur leurs intérêts privés.

C'est au point de vue de l'utilité générale du pays et dans l'intérêt collectif de tous les riverains que l'administration est investie d'un pouvoir de surintendance et de haute tutelle; et une fois qu'il aura été bien compris qu'il ne s'agit pas ici de juger, mais bien d'administrer, on résoudra facilement les trois questions posées un peu plus haut à propos de la mission de l'autorité judiciaire. Il faut rappeler ici chacune d'elles et y répondre.

1° *Dans quel cas l'administration peut et doit agir.* — L'administration peut agir dans tous les cas où elle croit que son action est nécessaire ou seulement utile, et il n'est nullement besoin qu'elle soit saisie par la demande ou la pétition d'une partie intéressée.

2° *Suivant quelles règles.* — Les règles décrétées par l'administration doivent toujours se proposer un but d'utilité générale, soit, par exemple, de prévenir ou faire cesser dans la contrée des causes d'insalubrité ou d'inondation, soit d'établir entre les riverains le mode le meilleur de jouissance et la plus équitable répartition des eaux ; c'est, comme nous venons de le dire, à l'administration elle-même qu'il appartient d'apprécier les circonstances dans lesquelles elle doit intervenir pour régler, au point de vue des intérêts généraux, les droits d'usage que l'article 644 accorde aux riverains sur les eaux courantes. M. Demante parle d'ailleurs avec beaucoup de raison quand il dit : « La conciliation des intérêts divers, « permise ou plutôt prescrite aux tribunaux par l'art. 645, « doit être également prise pour règle dans les actes émanés « de l'administration. »

Ce qu'il importe surtout de remarquer ici, c'est que l'administration, agissant au nom de l'intérêt général, n'est pas tenue d'observer les règlements particuliers et locaux dont l'art. 645 recommande aux tribunaux l'observation. Ni les conventions ou arrangements entre riverains, ni la possession la plus ancienne ne sauraient paralyser le droit supérieur de l'administration publique, et toutes les possessions privées, quelles qu'en soient la cause et l'origine, doivent disparaître dès qu'elles se trouvent contraires à un règlement de police et d'intérêt général : car il n'y a ni convention, ni prescription qui puissent s'élever au-dessus du droit de la société elle-même (Art. 6 de la loi du 6 octobre 1791 ; art. 16 ordonnance royale du 7 janvier 1831). On peut dire pourtant que les titres privés continueront à produire entre les parties celles de leurs conséquences qui ne se trouveront pas en opposition avec les dispositions des règlements administratifs.

3° *Quels sont les effets de ces décisions.* — Les règlements de l'administration ayant pour ainsi dire le caractère de lois, il en résulte : 1° qu'ils sont obligatoires pour tous les riverains sans distinction : car ils disposent à vrai dire pour les choses plutôt que pour les personnes ; 2° qu'ils peuvent être modifiés, changés ou abrogés, suivants le temps et les localités, au gré des exigences variables de l'intérêt public.

CHAPITRE IV.

EXAMEN DES LOIS SPÉCIALES RENDUES LES 29 AVRIL 1845, 11 JUILLET 1847, 10 JUIN 1854 ET 23 JUILLET 1856 SUR LES IRRIGATIONS, LE DROIT D'APPUI ET L'ÉCOULEMENT DES EAUX PAR LE DRAINAGE.

Les dispositions du Code Napoléon qui ont trait au régime des eaux viennent d'être exposées, et on a pu voir tout ce qu'elles laissaient à désirer. C'est surtout en ce qui concerne les irrigations que depuis longtemps l'insuffisance en avait été signalée, et l'on s'en plaignait d'autant plus vivement que la plupart des législations européennes, telles que celles de Sardaigne, de Lombardie, de Prusse et de Wurtemberg, nous avaient donné l'exemple de plusieurs améliorations importantes.

Un grand nombre de jurisconsultes et de publicistes demandaient que l'on suivît cet exemple, dans le but d'augmenter les forces productives de notre sol, en proportion des nécessités de plus en plus impérieuses d'une population toujours croissante; et surtout, pour que la France ne demeurât pas plus longtemps, sous ce rapport, dans un état d'infériorité manifeste, vis-à-vis des pays étrangers. On s'est mis à l'œuvre, et on a essayé de remplir ce vœu, par les quatre lois qui ont été successivement rendues : l'une, le 29 avril 1845 sur les irrigations; l'autre, le 11 juillet 1847 sur le droit d'appui; la troisième, le 10 juin 1854 sur le libre écoulement des eaux par le drainage; la quatrième enfin, le 23 juillet 1856 sur les encouragements donnés par l'État en matière de drainage.

Ces lois sont devenues aujourd'hui le complément indispensable de notre Code dans la matière qui nous occupe : aussi devons-nous en examiner sérieusement les dispositions.

SECTION I.

LOI DU 29 AVRIL 1845 SUR LES IRRIGATIONS.

Cette loi a un double objet : le premier consiste à autoriser l'établissement d'une servitude légale de passage pour les eaux destinées à l'irrigation (art. 1 et 2); le second consiste à étendre cette faculté aux eaux dérivées d'un terrain submergé (art. 3). Plusieurs dispositions sont communes à l'une et à l'autre hypothèse (art. 4 et 5).

La division de cette section se trouve ainsi naturellement faite, et les trois points qui viennent d'être indiqués vont faire l'objet des trois paragraphes suivants :

§ 1.

Servitude de passage des eaux pour l'irrigation.

Voici en quels termes les articles 1 et 2 de la loi du 29 avril 1845 autorisent l'établissement d'une servitude de passage pour les eaux d'irrigation, que l'on peut justement appeler la servitude d'aqueduc.

ARTICLE 1. « Tout propriétaire qui voudra se servir pour l'irrigation de ses propriétés des eaux naturelles ou artificielles de disposer, pourra obtenir le passage de ces eaux sur les fonds intermédiaires, à la charge d'une juste et préalable indemnité. Sont exceptés de cette servitude les maisons, cours, jardins, parcs et enclos attenant aux habitations ».

Article 2. « Les propriétaires des fonds inférieurs devront recevoir les eaux qui s'écouleront des terrains ainsi arrosés, sauf l'indemnité qui pourra leur être due. Seront également exceptés de cette servitude, les maisons, cours, jardins, parcs et enclos attenant aux habitations. »

Les eaux rendent à l'agriculture de si féconds services qu'on a dû, dans un intérêt public bien entendu, donner aux propriétaires qui ont le droit d'en user ou d'en disposer toutes les prérogatives nécessaires pour en tirer le plus grand parti. Le but de cette première disposition de la loi est donc d'encourager et de favoriser le plus possible les irrigations, et de permettre aux propriétaires d'en étendre le bienfait à des héritages qui jusqu'alors en avaient été privés. Les tribunaux peuvent donc accorder une servitude de passage, d'abord sur les fonds intermédiaires par lesquels l'eau doit être conduite au fonds que l'on veut arroser, et puis sur les fonds inférieurs, par lesquels elle doit s'écouler après l'arrosement. Il est à remarquer que le principe de cette disposition remonte très-haut dans notre ancien droit : on le retrouve, en effet, dans un édit de Henri II, du 26 mai 1547, et Bretonnier allait même jusqu'à dire que c'était là une servitude naturelle, attendu que sans irrigation les prés demeureraient stériles.

Ce qui a été autorisé, c'est donc simplement l'établissement d'une servitude : d'où il suit que le propriétaire qui veut conduire ses eaux à travers le fonds d'un autre ne pourrait pas plus exiger que cet autre lui cédât la propriété de son fonds, qu'il ne pourrait lui-même être forcé de l'acquérir.

N'est-ce pas déjà, en effet, une assez grave atteinte portée au droit de propriété que cette faculté d'obtenir une servitude sur le fonds d'un propriétaire, malgré lui ? On peut, il est vrai, invoquer l'intérêt de l'agriculture, qui ne fait qu'un

8

avec celui de l'Etat; mais cela n'empêche pas qu'il faille s'efforcer de renfermer cette atteinte dans les plus étroites limites. C'est dans ce but encore que l'on a laissé aux juges le pouvoir discrétionnaire d'accorder ou de refuser, suivant les circonstances, le passage demandé.

L'établissement de cette servitude ne peut être autorisé que pour l'irrigation; il n'est pas possible de la constituer, ni pour faire mouvoir une usine, ni pour établir un étang, ni pour un usage domestique ou d'agrément; mais en tant qu'il s'agit d'irrigation, la loi ne fait aucune distinction quant à la nature des eaux qu'on désire utiliser, et sous ce rapport elle est aussi large que possible. Ainsi, que les eaux proviennent d'une source ou de la pluie, qu'elles soient naturelles ou artificielles, comme celles qu'on obtient par le creusement d'un puits artésien; qu'elles forment de simples cours d'eau ou des rivières navigables, qu'elles bordent un héritage ou qu'elles le traversent, peu importe, la règle est toujours la même.

Il n'y a pas à distinguer davantage, en vertu de quelle cause le propriétaire qui demande la servitude de passage a le droit de disposer des eaux. Il résulte des termes employés par le législateur de 1845, que l'article premier est applicable dès que le propriétaire qui réclame le passage a le droit de disposer des eaux, de quelque cause d'ailleurs que procède ce droit, et de quelque manière qu'il l'ait acquis; or, le pouvoir de disposer des eaux peut procéder d'un droit de propriété, d'une concession ou d'un droit d'usage.

L'article premier de notre loi autorise tout propriétaire à obtenir la servitude d'aqueduc pour les eaux dont il a le droit de disposer; or, vis-à-vis des propriétaires intermédiaires et inférieurs, le riverain d'un cours d'eau non navigable ni flottable a le droit de disposer des eaux : 1º dans le cas où les riverains de la rive opposée consentent à ce qu'il les dérive jusque sur ses propriétés non riveraines, ou même seulement s'ils ne s'y opposent pas; 2º dans tous les cas, s'ils ne transmettent à ces héritages non riverains que la même quantité d'eau qu'il a le droit d'absorber d'après les règlements existants pour ces héritages riverains.

Quelques Conseils généraux avaient demandé que le propriétaire du fonds traversé eût la faculté de se servir des eaux dans le cas où leur volume excéderait les besoins de celui qui aurait obtenu le passage; mais le législateur n'a pas goûté cet avis, parce qu'il prévoyait les nombreuses contestations auxquelles une telle faculté allait donner lieu : de sorte que l'on peut dire que le propriétaire du fonds traversé par les eaux n'a pas le droit de s'en servir. La concession de la servitude d'aqueduc entraîne à sa suite celle de toutes les facultés accessoires, sans lesquelles elle ne pourrait être exercée, telles que le droit de passage sur les bords, pour le curage et les réparations : car, enfin, qui veut la fin veut les moyens, et l'article 2 de la loi que nous expliquons dans ce moment n'est lui-même que la conséquence de cette règle : Les propriétaires des fonds inférieurs, dit-il, devront recevoir les eaux qui s'écouleront des terrains ainsi arrosés, sauf l'indemnité qui pourra leur être due; du moment, en effet, où vous permettrez au propriétaire d'amener l'eau sur votre fonds, il est de toute évidence que vous devrez lui procurer les moyens d'écoulement nécessaires. Aussi cette servitude est-elle la conséquence forcée de la première, et c'est pourquoi le législateur s'est servi de ces expressions : « Les propriétaires des fonds inférieurs devront ». Quant à l'indemnité, elle pourra seulement être due, et c'est justice car, enfin, il peut se faire que l'eau qui s'écoule sur leurs fonds soit pour eux un bienfait et non une cause de dommage; c'est précisément le motif pour lequel notre article a été ainsi rédigé.

Le propriétaire qui a obtenu le droit d'aqueduc doit aussi faire les ouvrages nécessaires pour l'écoulement des eaux sur les fonds inférieurs. Il est impossible d'admettre, en effet, que la loi ait voulu assujettir les propriétaires inférieurs à voir leurs héritages attaqués en même temps, sur tous les points, par les filets d'eau qui s'écouleraient des fonds arrosés; si donc il faut un canal de dérivation, on comprend qu'il doit être aux frais du propriétaire qui a obtenu le passage.

Maintenant, pour savoir quels sont ceux des fonds qui devront être considérés comme inférieurs, et par lesquels l'eau devra s'écouler, ce sera là une pure question de fait, laissée à l'appréciation des tribunaux qui devront décider d'après les circonstances.

§ II.

Servitude de passage pour l'écoulement des eaux nuisibles.

L'article 3 de la loi du 29 avril 1845 est ainsi conçu : « La même faculté de passage sur les fonds intermédiaires pourra être accordée au propriétaire d'un terrain submergé en tout ou en partie, à l'effet de procurer aux eaux nuisibles leur écoulement. » On voit que cet article est étranger à l'objet principal de la loi qui s'occupe des irrigations : aussi ne se trouvait-il pas d'abord dans le projet ; il n'y fut introduit que par un amendement pour ainsi dire improvisé dans la discussion de la Chambre des députés. Voici ce que dit à ce sujet M. Dalloz, après avoir rappelé le texte de l'article 3 : « C'est
« une disposition qui ne se rattache pas d'une manière di-
« recte au principe de la loi nouvelle ; il ne s'agit plus ici, en
« effet, des riverains ; aussi avec plusieurs députés, avions-
« nous cru devoir nous opposer à ce qu'elle fût introduite
« dans la loi, disant que les lois sur le desséchement des
« marais avaient pourvu aux besoins dont il s'agissait. Mais,
« malgré nos efforts, la Chambre a maintenu cette disposition,
« qui devait nécessairement heurter une législation spéciale,
« maintenue en vigueur. »

Cette disposition se propose pourtant un double but : d'abord rendre à la culture des terrains submergés, en même temps que d'assainir le sol, et ensuite tarir ainsi dans leur source, comme le disait M. Passy à la Chambre des pairs, des maladies et des souffrances sous le poids desquelles succombent annuellement de malheureuses populations. Quoi qu'il en soit, et partageant en cela l'avis de M. Dalloz, nous croyons que cette disposition ne devait pas trouver place dans une loi spécialement faite pour les irrigations.

Remarquons que l'art. 3 dit que la même faculté de passage pour ces eaux nuisibles *pourra* être accordée aux propriétaires des fonds submergés, sur les fonds intermédiaires. La même faculté, c'est-à-dire la faculté de les diriger au moyen d'un aqueduc ou de tout autre travail dans un lieu où elles doivent se perdre, et non pas la faculté pure et simple de les laisser écouler de quelque manière que ce soit sur les fonds qu'elles doivent traverser.

M. Garnier prétend que la submersion dont il est ici question est celle qui provient d'une cause toute naturelle, telle que la chute des pluies, la fonte des neiges ou des glaces, mais non du consentement du propriétaire de l'héritage inondé, ou du fait purement volontaire d'un tiers. Cette opinion est inadmissible, parce que le texte de l'art. 3 est absolu, et ne distingue pas entre les différentes causes de submersion : aussi faut-il dire avec MM. Demante et Demolombe que la faculté de passage pourrait être accordée, même pour des eaux qui seraient le résultat d'un travail volontaire de la part du maître de l'héritage submergé. Il ne faut pas, bien évidemment, que les propriétaires d'usines se croient autorisés à grever les prairies d'une servitude de passage qui pourrait être fort onéreuse ; mais c'est aux magistrats qu'il appartient dans ces circonstances d'exercer le pouvoir discrétionnaire que leur confère la loi elle-même et de prévenir les abus.

§ III.

Dispositions communes à ces deux espèces de servitudes.

Quatre propositions sont communes aux deux espèces de servitudes dont il vient d'être question :

I. La faculté d'accorder l'établissement de ces servitudes a été soumise à certaines restrictions, fondées, soit sur l'inviolabilité du domicile, soit sur la nécessité de conserver les constructions et les travaux d'art. L'art. 1er en effet, et l'art. 2, deuxième alinéa, exceptent les maisons, cours, jardins, parcs et enclos attenant aux habitations. En se servant de ces expressions, *les maisons*, la loi entend non-seulement les maisons d'habitation, mais encore les bâtiments ; c'est d'ailleurs le terme employé depuis, par la loi du 11 juillet 1847, pour faire disparaître toute espèce d'ambiguïté : *cours, jardins, parcs*. Ils sont compris dans l'exception, alors même qu'ils ne seraient pas clos, pourvu qu'ils soient attenants aux habitations. C'est là, du moins, ce qui semble résulter du texte que nous expliquons : *enclos*. Mais quelles sont les conditions de la clôture? Le texte ne les définit pas ; ce sera par conséquent aux magistrats à les apprécier, et pour ce faire, ils devront consulter les usages du pays et les circonstances particulières du fait.

II. L'une et l'autre servitude (art. 1, 2, 3) ne peuvent être établies que moyennant une juste et préalable indemnité, qui, de même qu'en matière d'expropriation forcée pour cause d'utilité publique, doit être, comme on le voit, juste et préalable, ce qui fait que l'on rejette l'opinion de ceux qui enseignent qu'elle pourrait être réglée en rentes ou annuités.

III. Aux termes de l'art. 4 de la loi du 29 avril 1845, « les contestations auxquelles pourront donner lieu l'établissement de la servitude, la fixation du parcours, de la conduite d'eau, de ses dimensions et de sa forme, et les indemnités dues, soit au propriétaire du fonds traversé, soit à celui du fonds qui recevra l'écoulement des eaux, seront portées devant les tribunaux, qui, en prononçant, devront concilier l'intérêt de l'opération avec le respect dû à la propriété. Il sera procédé devant les tribunaux, comme en matière sommaire, et s'il y a lieu à expertise, il pourra n'être nommé qu'un seul expert. »

Il est évident que cette disposition se rapporte aux deux servitudes dont il est question. Ainsi, le législateur les fait toutes tomber dans la juridiction des tribunaux de droit commun. Il est à remarquer néanmoins qu'il ne leur soumet que les contestations ; le droit de concéder les eaux et de régler la quotité dont un riverain peut disposer reste comme pour toutes les rivières dans les attributions du pouvoir administratif ; mais la concession une fois faite, c'est à l'autorité judiciaire à statuer sur l'établissement de la servitude d'aqueduc.

IV. L'art. 5 réserve aussi dans tous les cas les droits supérieurs de l'administration dans ces termes : « Il n'est aucunement dérogé par les précédentes dispositions aux lois qui règlent la police des eaux. » C'est là une confirmation de toutes les dispositions législatives de 1790 et des années postérieures, relatives au cours d'eau, ainsi que des art. 644 et 645.

SECTION II.
LOI DU 11 JUILLET 1847 SUR LE DROIT D'APPUI.

Bientôt après la publication de la loi du 27 avril 1845, on reconnut que la servitude d'appui était un complément indispensable de la première. On comprend, en effet, que pour qu'un propriétaire puisse dériver l'eau sur sa propriété riveraine et la conduire à travers les fonds intermédiaires sur un terrain plus éloigné, il soit obligé d'établir un barrage, afin d'élever le niveau des eaux à la hauteur du sol de la rive et de les introduire dans les canaux de dérivation : telle a été la pensée qui a inspiré la loi de 1847 dont l'art. 1er s'exprime ainsi : « Tout propriétaire qui voudra se servir pour l'irri-

« gation de ses propriétés des eaux naturelles ou artificielles
« dont il a le droit de disposer, pourra obtenir la faculté
« d'appuyer sur la propriété du riverain opposé les ouvrages
« d'art nécessaires à sa prise d'eau, à la charge d'une juste et
« préalable indemnité. Sont exceptés de cette servitude les
« bâtiments, cours et jardins attenant aux habitations. »

En abordant l'explication de cette loi, voici les questions qui se présentent tout d'abord : Dans quel cas, au profit de qui et sous quelles conditions l'établissement de cette servitude peut-il être autorisé ?

Il faut dire de suite que la loi du 11 juillet 1847 est en quelque sorte le complément nécessaire de la loi du 29 avril 1845 ; et ce qui frappe surtout, c'est la similitude presque complète que l'on remarque dans la rédaction de l'art. 1er de l'une et de l'autre. La servitude d'appui ne peut donc être autorisée que pour l'irrigation, et non pour le service d'un moulin ou d'une usine ; elle peut d'ailleurs être accordée, non-seulement au propriétaire riverain qui voudrait arroser sa propriété riveraine, mais encore à tous les propriétaires non riverains qui pourraient obtenir la servitude de passage pour les eaux dont ils auraient le droit de disposer.

La loi ne distingue nullement entre les différentes natures des propriétés, que ce soient des prés, des terres labourables, des jardins, peu importe ; et comme elle ne distingue pas non plus entre les divers modes d'irrigation, on peut en conclure que la servitude d'appui serait valablement réclamée, non-seulement pour l'irrigation à grande eau, par saignées ou rigoles, mais aussi pour l'arrosement à bras d'un jardin. Il résulte des termes de la loi du 11 juillet 1847 que le barrage ne peut être appuyé que sur la rive opposée à celle où s'exerce la prise d'eau, ce qui présuppose le droit d'exercer une prise d'eau sur la rive, soit comme propriétaire riverain, soit comme concessionnaire du propriétaire riverain. Il est cependant des auteurs qui prétendent que les tribunaux pourraient, suivant les circonstances, autoriser l'établissement du barrage sur une rive plus en amont ou en aval, dans le cas où il se rencontrerait sur la rive de face des obstacles de localité, tels que le barrage ne puisse pas y être posé.

Il est à remarquer que le deuxième alinéa de l'article 1er de la loi de 1847 n'affranchit de la servitude d'appui que les bâtiments, cours et jardins attenant aux habitations, tandis que l'article 1er de la loi du 29 avril 1845 excepte, en outre, les parcs et les enclos. C'est que le législateur a sans doute pensé que la servitude d'appui, étant moins gênante que la servitude de conduite d'eau, devait être renfermée dans des limites moins étroites ; on a considéré, en outre, que le pouvoir discrétionnaire des tribunaux suffirait pour protéger les propriétaires des parcs et enclos, sans qu'il fût nécessaire que la loi ait établi en leur faveur une disposition générale et absolue.

Pour ce qui est de l'indemnité, nous croyons qu'elle n'est due que pour la valeur du terrain occupé par l'appui du barrage, sauf au propriétaire de la rive opposée, à se pourvoir en dommages-intérêts, suivant le droit commun, pour le cas où il éprouverait un dommage causé par l'établissement du barrage.

La faculté accordée par l'article 1er de la loi de 1847 à tout propriétaire d'appuyer ses ouvrages d'art sur la propriété du riverain opposé est réciproque ; et de là résultent deux conséquences qui sont ainsi formulées par l'art. 2. En voici les termes : « Le riverain sur le fonds duquel l'appui sera ré-
« clamé pourra toujours demander l'usage commun du bar-
« rage, en contribuant pour moitié aux frais d'établissement
« et d'entretien ; aucune indemnité ne sera respectivement
« due dans ce cas, et celle qui aurait été payée devra être
« rendue. Lorsque cet usage commun ne sera réclamé qu'a-
« près le commencement ou la confection des travaux, celui
« qui le demandera devra supporter seul l'excédant de dé-
« penses auquel donneront lieu les changements à faire au

« barrage, pour le rendre propre à l'irrigation des deux
« rives. »

Dans le premier cas, c'est-à-dire lorsque l'usage commun est réclamé avant l'établissement du barrage, il n'y a là aucun doute à avoir, il doit être établi à moitié frais; si cependant il était nécessaire, à raison de quelques circonstances, de faire plus de dépenses pour l'un que pour l'autre, cet excédant devrait être supporté par celui dans l'intérêt duquel il aurait été fait. Quant au riverain qui restitue l'indemnité qui lui avait été payée, il ne doit aucun intérêt jusqu'au jour de la demande en restitution.

Dans le second cas, la faculté de réclamer l'usage commun du barrage déjà établi se rapproche beaucoup de la faculté appartenant à tout propriétaire joignant un mur mitoyen, d'en acquérir la mitoyenneté (art. 660 et 661 C. N.). C'est là évidemment le même principe; l'un et l'autre reposent sur l'intérêt des deux parties.

Les articles 3 et 4 de la loi de 1847 contiennent sur la compétence et le maintien du régime des eaux les mêmes dispositions que la loi de 1845.

SECTION III.

LOIS DES 10 JUIN 1854 ET 23 JUILLET 1856 SUR L'ÉCOULEMENT DES EAUX PROVENANT DU DRAINAGE.

§ I.

Notions historiques sur le drainage.

Le terme drainage, que nous avons emprunté à l'Angleterre, signifie dessèchement. — Le drainage consiste dans l'établissement de deux conduits souterrains, que dans le langage technique on appelle *drains*, et au fonds desquels on plaçait, dans le principe, des matériaux de diverses natures, cailloux, bois, tuiles, mais que l'on remplace aujourd'hui par des tuyaux en terre cuite, de forme cylindrique. Le premier conduit reçoit l'égouttement du sol, c'est le drain dit d'assèchement; le second reçoit les eaux qui en proviennent, et on l'appelle drain collecteur, c'est-à-dire celui dans lequel les eaux fournies par le drain d'assèchement viennent se réunir.

Les hommes marquants dans l'art de l'agriculture et les membres de l'Institut de France sont tellement convaincus des avantages du drainage, qu'ils considèrent comme l'une des plus grandes améliorations et des plus grandes inventions de l'agriculture. Le drainage a encore pour effet de diminuer de beaucoup les frais d'exploitation en réduisant les frais de culture. — Il est reconnu en Angleterre que beaucoup de fermiers ont vu leurs fermes doubler de valeur par le drainage, et en général l'accroissement des récoltes a été, pour les fermiers, de vingt à vingt-cinq pour cent des sommes employées à l'assainissement des terres. Ce n'est point, il faut bien le dire, à l'Angleterre qu'est due la découverte du drainage; il est contemporain de l'irrigation dans la plus haute antiquité; les Romains particulièrement avaient recours au drainage pour le desséchement de leurs terres, et ils faisaient même servir l'assèchement à l'irrigation. — L'Angleterre n'a eu en tout ceci d'autre mérite que de donner au drainage une grande impulsion, à l'instigation du célèbre Robert Peel.

Le drainage était, disons-nous, connu dans la plus haute antiquité; on en trouve en effet des vestiges en Perse, dont l'origine est restée ignorée. Les Persans l'appellent *kérisés*; et par une combinaison que les Romains ont imitée, et qui ne peut avoir été conçue que par des peuples très-intelligents, ces kérisés servent à la fois à assainir des terres qui auraient été inondées, et à irriguer avec ces eaux des terrains inférieurs que la sécheresse aurait rendus improductifs. — Ces faits sont confirmés par Palladius, auteur d'un Traité *de re rustica*, qui vivait au cinquième siècle, et par Columelle dans son

Traité d'économie rurale. Enfin Olivier de Serres, l'ami de Sully, enseigne les mêmes procédés d'assèchement.

§ II.

Examen des dispositions de la loi du 10 juin 1854.

Nous savons désormais ce que c'est que le drainage; il reste maintenant à étudier les dispositions de la loi de 1854, qui s'en occupe spécialement. — C'est elle qui met l'article 640 du Code Napoléon en harmonie avec les besoins nouveaux et bien constatés de l'industrie agricole; cette loi prévoit deux hypothèses : celle où l'opération d'assèchement est faite par un propriétaire isolément, et celle où elle est entreprise par une réunion de propriétaires constitués en syndicat. La première de ces hypothèses se trouve réglée par les articles 1er et 2 ainsi conçus :

Article 1er. « Tout propriétaire qui veut assainir son fonds
« par le drainage ou un autre mode d'assèchement peut,
« moyennant une juste et préalable indemnité, en conduire
« les eaux souterrainement, ou à ciel ouvert, à travers les
« propriétés qui séparent ce fonds d'un cours d'eau ou de
« toute voie d'écoulement. Sont exceptés de cette servitude
« les maisons, cours, jardins, parcs et enclos attenant aux
« habitations. »

Article 2. « Les propriétaires de fonds voisins ou traversés
« ont la faculté de se servir des travaux faits, en vertu de l'ar-
« ticle précédent pour l'écoulement des eaux de leur fonds.
« Ils supportent dans ce cas ; 1° une part proportionnelle
« dans la valeur des travaux dont ils profitent ; 2° les dé-
« penses résultant des modifications que l'exercice de cette
« faculté peut rendre nécessaires ; et 3° pour l'avenir, une part
« contributive dans l'entretien des travaux devenus com_
« muns. »

C'est également ici une simple servitude de passage que la

loi établit, et alors on se demande si cette servitude doit être nécessairement accordée à tout propriétaire qui en forme la demande, ou bien, au contraire, si le juge peut, selon les circonstances, l'accorder ou la refuser. La rédaction de l'art. 1er de la loi nouvelle diffère à cet égard des art. 1er et 3 de la loi du 29 avril 1845, ainsi que de l'art. 1er de la loi du 11 juillet 1847; car, dans ces dernières dispositions, on voit seulement que le propriétaire qui demandera le passage des eaux pour l'irrigation ou le droit d'appui pourra l'obtenir; tandis que l'art. 1er de la loi du 10 juin 1854 déclare en termes formels que tout propriétaire peut conduire les eaux. M. Garnier pense que cette loi, bien que conçue en termes plus impératifs que celles de 1845 et 1847, n'oblige pas les tribunaux d'une manière absolue à accorder la servitude, et qu'ils doivent vérifier si le fonds a besoin d'être assaini. Cette opinion ne paraît pas devoir être admise. Le texte de l'article 1er de la loi de 1854 semble en effet bien formel, et la vérité est qu'il établit une servitude de passage, légale et nécessaire pour les eaux, de même que l'art. 682 établit une servitude légale et nécessaire de passage pour les personnes; et lors de la discussion du projet, M. Heurtier a dit que le juge n'aura pas à se prononcer sur l'établissement de la servitude, car cette servitude est établie par la loi elle-même.

Comme les propriétaires ne pourraient pas toujours, soit par suite de la constitution du sol, soit à cause de son morcellement, entreprendre isolément des travaux de drainage et de desséchement, on a dû les autoriser à s'associer entre eux, afin d'agir en commun. Leur association, purement facultative du reste, jouit des droits et supporte les obligations établies par la loi; les art. 3 et 4 s'occupent de cette seconde hypothèse.

Article 3. « Les associations de propriétaires qui veu-
« lent, au moyen de travaux d'ensemble, assainir leurs héri-
« tages par le drainage, ou tout autre mode d'assèchement,
« jouissent des droits et supportent les obligations qui résul-

« tent des articles précédents. Ces associations peuvent, sur
« leur demande, être constituées par arrêtés préfectoraux en
« syndicats, auxquels sont applicables les art. 3 et 4 de la loi
« du 14 floréal de l'an II.

Article 4. « Les travaux que voudraient exécuter les
« associations syndicales, les communes ou les départements
« pour faciliter le drainage ou tout autre mode d'assèchement
« peuvent être déclarés d'utilité publique par décret rendu
« en conseil d'Etat. Le règlement des indemnités dues pour
« expropriation est fait conformément aux paragraphes 2 et
« suivants de l'art. 16 de la loi du 21 mai 1836. »

Ces associations ne sont que facultatives ; et malgré l'intérêt général qui s'attache au drainage, la loi de 1854 ne veut pas violenter les propriétaires associés : si le procédé du drainage a du succès, ils s'empresseront d'eux-mêmes de s'y associer. En conséquence, elle dispose que l'association ne peut être que volontaire.

Lors de la discussion de la loi de 1854, on a prétendu qu'elle ferait double emploi avec celle du 16 septembre 1807 sur le dessèchement des marais. Mais il a été répondu que ces deux lois avaient une sphère d'action spéciale. La loi du 16 septembre 1807, en effet, est une loi d'intérêt et de salubrité générale, qui suppose une vaste opération à laquelle les efforts des particuliers ne suffiraient pas, tandis que la loi actuelle se propose l'amélioration dans un intérêt privé. Il est vrai, a dit M. Rouher, commissaire du gouvernement, que cet intérêt privé peut devenir collectif et s'élever alors aux proportions d'un intérêt général ; mais la loi nouvelle y pourvoit, sans interdire le recours à l'ancienne législation.

Après avoir posé les bases générales de la loi, le législateur s'occupe de la compétence ; il dit dans l'art. 5 :

« Les contestations auxquelles peuvent donner lieu l'éta-
« blissement et l'exercice de la servitude, la fixation du par-
« cours des eaux, l'exécution de travaux de drainage ou
« d'assèchement, les indemnités et les frais d'entretien sont

« portés en premier ressort devant le juge de paix du can-
« ton qui, en prononçant, doit concilier les intérêts de l'opé-
« ration avec le respect dû à la propriété. S'il y a lieu à
« expertise, il pourra n'être nommé qu'un seul expert. »

Ce qu'il y a à remarquer ici, c'est l'attribution de la compétence au juge de paix. M. Garnier, rapporteur au Corps législatif, a dit : « En agriculture, il faut surtout que l'on puisse opérer promptement et économiquement. » La justice des tribunaux de première instance et des cours impériales est plus lente et plus coûteuse que celle des juges de paix par lesquels la loi nouvelle fera juger les contestations en premier ressort.

La compétence une fois réglée, la loi, dans l'art. 6, s'occupe de la sanction, c'est-à-dire des pénalités qu'encourront ceux qui en violeront les dispositions.

Article 6. « La destruction totale ou partielle des conduits d'eau ou fossés évacuateurs est punie des peines portées à l'art. 436 du Code pénal. Tout obstacle apporté volontairement au libre écoulement des eaux est puni par les peines portées par l'art. 457 du même Code. L'art. 454 du Code pénal peut être appliqué. »

Enfin, l'art. 7 et dernier de la loi déclare qu'il n'est aucunement dérogé aux lois qui règlent la police des eaux. Ainsi, l'administration conserve la surveillance générale du drainage, et cela doit être, puisque cette opération se lie essentiellement à l'écoulement et à l'état des eaux ; elle tient cette surveillance supérieure, des lois du 20 août 1790, 6 octobre 1791 et 14 floréal an II.

§ III.

Appréciation de la loi du 23 juillet 1836.

En ce qui concerne cette loi, il suffit de la mentionner : elle n'établit en effet aucune servitude nouvelle, et ne se rattache sous ce rapport par aucun lien à cette matière : son objet, très-important sans doute, au point de vue de l'économie sociale, de l'économie politique et des progrès de l'agriculture et de l'industrie, consiste uniquement en ce que l'État lui-même affecte une somme de cent millions à des prêts destinés à faciliter les opérations du drainage. Telle est la disposition du premier et principal article; les autres articles de 2 à 10 déterminent de quelle manière les prêts seront effectués et remboursés.

Tout ce qui a été dit jusqu'ici se rapporte aux eaux vives. Dans le chapitre suivant, nous allons voir si les principes exposés relativement aux eaux de source, s'appliquent également aux eaux pluviales.

CHAPITRE V.

DES EAUX PLUVIALES.

Le Code Napoléon s'occupe de toutes les eaux, vives ou mortes sans distinction, en ce qui concerne les inconvénients qui peuvent en résulter; tandis que, littéralement du moins, il ne s'applique qu'aux eaux vives, relativement aux avantages qu'elles peuvent procurer; or, on appelle eaux vives celles dont l'existence est continuelle, en latin *perenne quod semper fluat* : telles sont les eaux qui sortent du sein de la terre, comme celles des rivières, des ruisseaux, des puits. Les eaux mortes, au contraire, sont celles qui n'ont pas d'existence continuelle : les eaux pluviales, par exemple, que nous définirons celles qui tombent du ciel : *quam pluviam dicimus quæ de cælo cadit atque imbre excressit* (Digeste loi 1ʳᵉ princip. de aqua et aquæ). Mais ces eaux n'acquièrent, en droit, un caractère légal, que dans le cas où elles ne sont pas immédiatement absorbées par les terres et où elles coulent sur la surface du sol.

Longtemps on a confondu, comme étant soumises à un principe identique, les eaux pluviales qui tombent sur une propriété privée, et celles qui tombent et coulent sur un chemin public. Aujourd'hui la doctrine établit une différence très-importante entre ces eaux, et pour la bien saisir il faut examiner séparément ces deux hypothèses.

PREMIÈRE HYPOTHÈSE.

EAUX PLUVIALES QUI TOMBENT SUR UNE PROPRIÉTÉ PRIVÉE.

Parmi les choses qui sont hors du commerce, ont dit les anciens auteurs, on doit comprendre les eaux pluviales. Soit qu'elles tombent sur une propriété privée, soit qu'elles tombent, séjournent ou passent dans un lieu public, elles appartiennent au premier occupant, de sorte que le propriétaire supérieur peut toujours les absorber au préjudice du propriétaire inférieur, quelque longue qu'ait été la possession de ce dernier. Tous les auteurs enseignent la même doctrine quant aux eaux qui tombent sur une propriété privée. Ainsi, il est donc incontestable de dire que la règle posée par l'art. 641 est applicable aux eaux pluviales; d'où il résulte : 1° que celui sur le fonds duquel les eaux pluviales tombent directement du ciel en devient propriétaire par droit d'occupation, et qu'il peut en conséquence en user suivant sa volonté; les retenir, les absorber tout à fait en usages agricoles, industriels ou de pur agrément; ou bien les laisser couler sur les fonds inférieurs, en vertu de l'art. 640 ; 2° que le même droit appartient au propriétaire sur les eaux pluviales qui ne tombent pas directement sur son fonds, mais qui découlent des fonds supérieurs, lorsque les propriétaires de ces fonds n'ont pas exercé sur ces eaux le droit du premier occupant.

Examinons maintenant si les deux exceptions que comporte la règle posée dans l'art. 641 s'appliquent, comme la règle elle même, aux eaux pluviales ; en autres termes: 1° si le propriétaire inférieur peut acquérir le droit aux eaux pluviales, soit par titre, soit par prescription, soit par destination du père de famille ; 2° si les habitants d'une commune, d'un village ou d'un hameau pourraient s'opposer à ce qu'un propriétaire disposât des eaux pluviales qui tombent directement ou qui passent sur son fonds, sous prétexte que ces eaux seraient nécessaires à leurs besoins.

1° Quant au titre, pas de difficulté, il est de toute évidence que le propriétaire sur le fonds duquel les eaux tombent peut renoncer à son droit en faveur d'un tiers. Quant à la prescription, c'est une question très-controversée que celle de savoir si le propriétaire inférieur peut acquérir par ce moyen le droit d'empêcher le propriétaire supérieur de disposer des eaux pluviales qui tombent sur son fonds, ou qui lui arrivent à lui-même des fonds supérieurs. M. Duranton soutient que la prescription n'est pas applicable aux eaux pluviales : 1° parce qu'il n'y a aucune disposition du Code qui statue sur ce point, et que l'on ne peut invoquer les articles 641, 642 et 643 qui ne sont applicables qu'aux eaux de sources; 2° parce que la possession de ces eaux est le résultat de la simple tolérance ; 3° parce que la possession de ces eaux n'est pas continue, à raison de l'intermittence de leur cours.

Il nous est impossible de partager cette opinon, car, d'après l'art. 690, les servitudes continues et apparentes s'acquièrent par la possession de trente ans; or les conduites d'eau, les aqueducs (art. 688), sont des servitudes continues et apparentes ; donc le propriétaire inférieur, qui a fait des travaux apparents, conformément à l'art. 642, pour faciliter le cours des eaux pluviales dans sa propriété, peut invoquer la possession trentenaire, en vertu des art. 642 et 690. La confection d'ouvrages apparents est néanmoins indispensable; l'article 642, en effet, nous paraît applicable aux eaux pluviales comme aux eaux de sources, ni plus ni moins ; d'après cet article, la prescription ne court que du jour de l'achèvement des ouvrages, il doit donc en être de même relativement aux eaux pluviales.

Il est évident que la servitude dont il s'agit ici peut également résulter de la destination du père de famille.

S'il existait entre deux fonds appartenant au même propriétaire un fossé ou une rigole destinés à conduire les eaux pluviales du fonds supérieur vers le fonds inférieur, et que le propriétaire disposât de l'un d'eux sans que le contrat fît mention de la jouissance des eaux, la servitude se trouverait ainsi constituée, et celui à qui appartiendrait désormais le fonds inférieur aurait le droit de continuer à recevoir les eaux pluviales, soit en totalité, soit en partie, suivant le mode de jouissance pratiqué au jour de la séparation des deux fonds.

On connaît quels sont les droits du propriétaire inférieur, lorsqu'il a acquis soit par titre, soit par prescription, soit par destination du père de famille, le droit aux eaux d'une source qui se trouve dans le fonds supérieur; ses pouvoirs sont-ils les mêmes, lorsqu'il a acquis, en vertu de l'une de ces trois causes, le droit de recevoir les eaux pluviales qui lui arrivent du fonds supérieur ?

Voici la réponse de M. Pardessus : « La nature précaire et « souvent intermittente de l'eau reçue par l'inférieur apportera de grandes restrictions à sa jouissance. Le propriétaire « supérieur, après avoir longtemps entretenu sur son fonds « un étang ou tout autre réservoir alimenté par des eaux « pluviales qu'il dérivait de la voie publique ou de tout « autre fonds, peut adopter un autre mode d'exploiter sa propriété, et cesser d'y réunir les eaux que dans cet état il « transmettait à l'inférieur, sans craindre une action de la « part de ce dernier. En lui laissant acquérir droit à la transmission des eaux, il n'a point contracté l'obligation d'en « avoir toujours sur son domaine. Il n'en est point de ce cas « comme de celui où une source prend naissance sur un terrain. » Mais il est impossible d'adopter pleinement cette opinion, après avoir admis plus haut l'acquisition par prescription relativement aux eaux pluviales, sans rendre complétement illusoire le droit qui en résulte. Nous croyons bien avec M. Pardessus, que le propriétaire supérieur n'est point, par l'effet de la servitude acquise contre lui, paralysé dans le droit d'exploiter son fonds, et d'en changer même le mode de culture; mais nous prétendons qu'il faut en même temps réserver le droit acquis par le propriétaire inférieur, de l'empêcher de donner désormais une direction différente aux eaux pluviales qui découlent de son fonds.

2° Quant à la seconde exception que l'article 643 apporte à la règle formulée par l'article 641, nous avons vu qu'elle constitue une disposition exhorbitante qui ne saurait être étendue par voie d'analogie, et il nous paraît en conséquence qu'elle ne devrait point être applicable aux eaux pluviales.

SECONDE HYPOTHÈSE.

DES EAUX PLUVIALES COULANT SUR UN CHEMIN PUBLIC.

Pour nous placer dans cette seconde hypothèse il faut établir une distinction : ou bien il s'agit d'apprécier les droits de chaque propriétaire riverain, à l'encontre des autres propriétaires coriverains ou inférieurs relativement aux eaux pluviales en tant qu'elles coulent sur la voie publique elle-même; ou bien ces eaux ayant été dérivées de la voie publique par un propriétaire sur son propre fonds, il s'agit de savoir si elles peuvent faire l'objet d'une servitude d'aqueduc ou autre au profit d'un héritage attenant à ce fonds et séparé par lui de la voie publique. Tels sont les deux cas que nous avons à examiner.

Dans le premier cas, pas de difficulté; les eaux pluviales sont choses *nullius*, et, comme telles, elles appartiennent au premier occupant, d'où il résulte que tout propriétaire riverain de la voie publique peut par droit d'occupation s'approprier les eaux pluviales à leur passage vis-à-vis de son fonds, pourvu qu'il n'établisse, pour opérer cette dérivation, aucun travail nuisible à la voie publique. A l'encontre des autres propriétaires inférieurs ou coriverains du ruisseau pluvial, chaque propriétaire riverain peut exercer ce droit de la manière la plus absolue sans qu'on soit fondé à lui opposer l'article 644, lequel s'applique aux eaux courantes qui sont chose commune, et non point aux eaux pluviales qui sont *res nullius*. Il en serait encore ainsi lors même que, pendant trente ans ou un temps immémorial, un des propriétaires riverains aurait dérivé sur son fonds toutes les eaux pluviales de la voie publique, fût-ce même à l'aide de travaux apparents; un autre propriétaire coriverain ou supérieur qui aurait été, lui, pendant plus de trente ans sans dériver les eaux sur son fonds n'en aurait pas moins le droit de les y amener dès qu'il le voudrait pour son utilité ou son agrément. La véritable raison de cette solution se trouve dans le caractère des choses *nullius*, applicable aux eaux pluviales, en tant qu'elles coulent sur la voie publique. Voilà donc la différence essentielle qui existe entre les eaux pluviales tombant sur une propriété, et celles qui coulent sur un chemin public : dans le premier cas, le propriétaire inférieur peut acquérir la propriété de ces eaux au regard du propriétaire supérieur, même par la prescription et par des travaux faits selon les termes de l'art. 642. — Dans le second cas, aucune prescription n'est possible; tous les moyens employés, rigoles, aqueducs, sont insuffisants en présence du droit du propriétaire supérieur qui est toujours maître de s'emparer d'une manière absolue des eaux qui sont *res nullius*.

Il faut supposer maintenant le cas où les eaux pluviales ont été dérivées de la voie publique par un propriétaire riverain, et sont entrées dans son fonds. Les choses étant ainsi, le propriétaire du fonds séparé de la voie publique par celui sur lequel les eaux pluviales ont été dérivées peut-il y acquérir un droit de servitude, soit par titre, soit par prescription, soit par destination du père de famille ?

S'il est vrai que les auteurs soient d'accord quant aux droits du riverain du chemin public, qui s'empare des eaux comme premier occupant, il y a divergence lorsque les eaux sont transmises du fonds du propriétaire riverain du chemin à un second propriétaire non riverain. Dans ce cas, M. Troplong soutient très-nettement que, ni la prescription, ni la destination du père de famille ne sauraient être invoquées par ce second propriétaire; nous croyons au contraire, avec MM. Dalloz, Demolombe et Marcadé, que le droit du second propriétaire peut s'établir sur les eaux pluviales, au détriment du propriétaire riverain de la voie publique, non-seulement par titre, mais encore par la destination du père de famille qui équivaut à titre, et même par la prescription. Et, en effet, les eaux pluviales tombant sur la voie publique ne sont inappropriables et imprescriptibles que tant qu'elles sont sur la voie publique; mais dès que le riverain les détourne pour les faire entrer dans son fonds, il en devient propriétaire et peut en faire ce qu'il veut, de même que s'il s'agissait d'eau de source.

Il reste bien entendu que le droit du propriétaire non riverain n'existe qu'à l'encontre de celui qui lui a concédé l'usage des eaux pluviales, ou qui a laissé la prescription s'accomplir; mais, à l'égard des propriétaires supérieurs, cette acquisition de droits est sans aucun effet; ceux-ci pourraient s'emparer des eaux pluviales qui coulent sur le chemin public, malgré toutes conventions intervenues entre les propriétaires inférieurs, riverains ou non.

CHAPITRE VI.

DE L'OBLIGATION POUR LES PROPRIÉTAIRES DE PROCÉDER A FRAIS COMMUNS AU BORNAGE DE LEURS PROPRIÉTÉS CONTIGUES.

Le bornage est l'acte par lequel deux propriétaires indiquent, en les fixant par des signes visibles et permanents, les limites de leurs propriétés contiguës; les signes employés dans ce but s'appellent bornes, de là est venu le mot bornage.

Voici en quels termes s'exprime la loi, dans l'art. 646 du Code Napoléon : « Tout propriétaire peut obliger son voisin

« au bornage de leurs propriétés contiguës. Le bornage se
« fait à frais communs. »

Il faut donc rechercher : 1° ce que c'est que l'action en bornage, quelle est sa nature, quel juge est compétent pour en connaître ;

2° Par qui et contre qui elle peut être formée, et dans quels cas ;

3° En quoi consiste l'opération du bornage et quelles en sont les formes ;

4° Enfin quels en sont les effets.

SECTION I.

CE QUE C'EST QUE L'ACTION EN BORNAGE. — QUELLE EST SA NATURE. — QUEL JUGE EST COMPÉTENT POUR EN CONNAÎTRE.

I. *Ce que c'est que l'action en bornage.* — L'action en bornage a pour but de fixer d'une manière certaine la limite qui sépare des propriétés contiguës, afin de bien constater le point où chacune d'elles commence et finit, et de prévenir ainsi les empiétements que l'un pourrait commettre sur l'autre, avec intention ou simplement par erreur.

L'incertitude et la confusion des limites entre les propriétaires voisins sont d'ailleurs, presque toujours, comme l'indivision, une source de difficultés et de procès : ce qui faisait dire à Ovide :

Cantent laudes, Termine sancte, tuas.

. . . .

Omnis erit sine te, litigiosus ager.

Aussi peut-on dire que l'action en bornage, comme l'action en partage, est fondée non-seulement sur l'intérêt privé des parties, mais encore sur l'intérêt général de la société. De là deux conséquences : la première, c'est que l'action en bornage est imprescriptible, et peut, par conséquent, être formée à toute époque; la seconde, c'est que les propriétaires ne pourront pas renoncer à l'action en bornage, ni tous les deux réciproquement, ni l'un des deux seulement au profit de l'autre, parce qu'elle intéresse la paix, l'harmonie des relations de voisinage et le bon ordre de l'État.

Cette action, comme il est facile de le voir, dérive du même principe que l'action en partage : personne n'étant obligé de rester dans l'indivision, personne aussi n'est obligé de laisser indécise la ligne qui doit séparer son héritage de l'héritage voisin; comme l'action en partage, l'action en bornage est imprescriptible; de même qu'on peut en tout temps demander à sortir de l'indivision, de même aussi on peut en tout temps demander à faire cesser la confusion des limites des deux héritages.

II. *Nature de cette action.* — Il est plus difficile de bien préciser la nature de cette action; est-elle réelle? est-elle personnelle? le résultat de l'examen qu'exige la solution de cette question donne en l'action en bornage une double physionomie. Sous un double aspect et considérée dans son principe, l'action en bornage doit être déclarée réelle, parce qu'elle est au nombre de celles qui supposent chez celui qui les exerce le titre de propriétaire; la loi elle-même consacre cette nature réelle de l'action en bornage par la place qu'elle assigne, parmi les servitudes qui dérivent de la situation naturelle des lieux, au droit qu'a tout propriétaire d'obliger son voisin au bornage de leurs propriétés contiguës; non qu'il y ait, à proprement parler, assujettissement de l'un des héritages envers l'autre; mais, parce que le droit est exercé et l'obligation du bornage imposée à cause de la contiguïté des héritages, et que le droit et l'obligation accompagnent la propriété de ces héritages, quelles que soient les transmission successives et les mutations qui s'opèrent dans la personne de leurs détenteurs.

Si l'on considère au contraire l'action en bornage, non plus dans son principe, mais dans son objet, on reconnaît qu'elle n'est que la demande de l'accomplissement d'une simple obligation personnelle, celle de concourir à l'obligation du bornage ainsi qu'à la reconnaissance des limites, et de payer la part des frais qui, aux termes de l'art. 646 du Code Napoléon, doivent être supportés en commun.

III. *Quel juge est compétent.* — Le caractère de réalité que le Code a imprimé à l'action en bornage par la place qu'il lui a assignée dans notre titre des servitudes, a produit du reste une conséquence très-importante, et à laquelle on ne peut qu'applaudir : c'est de rendre compétent en cette matière le juge de la situation des lieux. Ainsi, cette action sera portée devant le juge de paix toutes les fois qu'elle présentera le caractère personnel; c'est alors seulement qu'elle pourra se concilier avec les règles générales de sa compétence; mais, aussitôt que par suite d'une contestation se dégagera le caractère de réalité que contient l'action en bornage, elle rentrera, comme toutes les actions réelles immobilières, dans les attributions des juges ordinaires. Telle est l'idée qu'exprime la loi du 25 mai 1838 en formulant cette restriction à la compétence qu'elle accorde au juge de paix en matière de bornage. « Lorsque la propriété ou les titres qui l'établissent ne sont pas contestés. »

Des difficultés se sont élevées souvent dans la pratique, sur le point de savoir ce qu'il faut entendre par ces mots : propriété ou titre contesté.

Nous pensons que pour qu'il y ait contestation sur la propriété et en conséquence pour que le juge de paix soit incompétent, la condition tout à la fois nécessaire et suffisante est que les parties ne soient pas d'accord sur les limites respectives de leurs héritages et que l'une prétende être propriétaire au delà de la ligne jusqu'à laquelle l'autre soutient au contraire que sa propriété s'étend. Toutes les fois donc que pour statuer sur l'action en bornage, il faudrait que le juge de paix se prononçât sur une question de revendication relative aux héritages limitrophes, il doit se déclarer incompétent et cela même d'office parce qu'il s'agit d'une incompétence *ratione materiæ* et d'ordre public. Pour être plus bref encore, on peut dire qu'en règle générale le juge de paix doit se déclarer incompétent lorsque la propriété ou les titres qui l'établissent sont contestés.

SECTION II.

PAR QUI ET CONTRE QUI L'ACTION EN BORNAGE PEUT ÊTRE INTENTÉE ET DANS QUELS CAS.

Aux termes de l'art. 646 du Code Napoléon, le bornage peut être réclamé par tout propriétaire : ce droit est donc réciproque entre voisins ; et même lorsque l'un d'eux prend l'initiative, l'autre est en quelque sorte réputé jouer aussi le rôle de demandeur, car c'est le propre de cette action que chacune des parties, dit Pothier, celle qui est assignée aussi bien que celle qui a assigné, réclament chacune, l'une contre l'autre, ce qui par le bornage sera déterminé faire partie de son héritage.

Mais faut-il conclure de ces mots : *tout propriétaire*, qu'il n'y ait en effet que le propriétaire lui-même, c'est-à-dire celui qui a le *plenum dominium*, qui puisse exercer l'action en bornage ? Certains auteurs l'ont ainsi pensé ; mais leur doctrine, qui est contraire aux traditions du droit romain et de notre ancien droit français, paraît également méconnaître les véritables principes sur notre droit nouveau. Ces principes veulent en effet que l'action en bornage appartienne à quiconque a dans l'héritage un droit réel, c'est-à-dire propre et indépendant de toute obligation personnelle de la part d'un tiers. Ainsi, elle appartient à l'usufruitier, à l'usager, à l'emphytéote, au superficiaire. Il est vrai que l'usufruitier pourra opérer un bornage non opposable au nu-propriétaire qui aurait le droit d'en provoquer un nouveau, même pendant la durée de l'usufruit. Mais le défendeur peut facilement obvier à cet inconvénient en appelant dans l'instance le nu-propriétaire, dans le but de donner à la décision à intervenir le caractère d'une œuvre définitive.

Le fermier n'ayant pas de droit réel ne peut intenter l'action en bornage ni y défendre, mais il peut se pourvoir contre son bailleur et conclure à ce qu'il soit tenu de faire cesser le trouble qu'il éprouve dans sa jouissance de la part du voisin, en faisant borner l'héritage tenu à ferme.

On se demande si les administrateurs du bien d'autrui peuvent exercer seuls en cette qualité l'action en bornage ? En se reportant aux principes déjà exposés, on reconnaîtra que l'action en bornage suppose la propriété non contestée et n'a d'autre objet que de conserver à chacune des parties l'intégralité de son héritage; à ce point de vue cette action rentrerait dans les actes conservatoires qui peuvent être exercés par l'administrateur légal du bien d'autrui; mais dès qu'une contestation sur le droit de propriété ou sur les titres qui l'établissent s'élève entre les parties et rend nécessaire le renvoi devant le tribunal, l'action, prenant alors le caractère d'une revendication, impose à ceux qui l'intentent ou qui y défendent l'accomplissement des formalités exigées et des règles à suivre pour les actions réelles immobilières.

Le bornage peut d'ailleurs être demandé par tout propriétaire et contre tout propriétaire, que ce soit un particulier, un établissement public ou l'État lui-même.

Il est vraisemblable qu'en rédigeant l'art. 646, le législateur n'a entendu parler que des propriétés rurales, c'est-à-dire de celles qui ne sont pas bâties et qui ne se composent que de terres, en quelque endroit d'ailleurs que ces terres soient situées; le bornage, en effet, a pour but de prévenir le danger des anticipations et des empiètements; or, ce danger n'est à craindre que pour les terres dont l'étendue peut varier; mais quant aux bâtiments, les murs qui les soutiennent en déterminent l'étendue.

La première condition du bornage est que les propriétés soient distinctes et appartiennent à des maîtres différents.

La seconde, et non moins essentielle, est que les propriétés soient contiguës : ainsi, l'action n'est pas possible entre deux propriétaires dont l'un est séparé de l'autre par une rivière ou par une mare communale, un chemin public, une rue, ou par la propriété d'un tiers, si minime qu'elle puisse être.

SECTION III.

EN QUOI CONSISTE L'OPÉRATION DU BORNAGE ; QUELLES EN SONT LES FORMES.

Lorsque les propriétaires sont d'accord et maîtres de leurs droits, ils peuvent faire eux-mêmes à l'amiable le bornage de leurs fonds, de telle manière et par tel acte sous seing privé ou authentique qu'ils jugent convenable d'adopter. Ils peuvent choisir à cet effet des experts, géomètres et arpenteurs, dont les pouvoirs sont déterminés par l'acte qui les nomme. Il arrive même souvent que les experts sont constitués arbitres, et chargés de prononcer sur les difficultés qui se rattachent à l'opération du partage; si les intéressés ne peuvent s'entendre, le bornage doit être fait en justice.

Aucun texte n'a déterminé les formes de cette procédure, ni les mesures d'instruction à suivre, ni le mode d'après lequel les limites doivent être fixées. Mais la nature des difficultés que peut présenter le bornage indique la visite des lieux et l'avis des experts, comme les moyens les plus appropriés à la solution qu'elles exigent. Voici d'ailleurs, ainsi que le rapporte le *Moniteur* du 9 mai 1837, ce que disait M. le garde des sceaux dans l'exposé des motifs à la Chambre des Pairs :
« Ces discussions ne se jugent bien que par la vue des lieux ;
« c'est en leur présence que les titres s'interprètent sans équi-
« voque, que les subterfuges échappent à la mauvaise foi,
« que les doutes s'éclaircissent. Ordinairement plus à portée
« des lieux contentieux et pouvant, dans tous les cas, mieux
« s'y transporter qu'un tribunal plus nombreux, le juge de

« paix évitera aux parties des frais d'expertise, il se servira à
« lui-même d'expert et de géomètre. »

S'il s'agissait cependant de délimiter, d'après les contenances indiquées dans les titres, la nomination d'experts serait, on le conçoit, presque toujours nécessaire. L'énonciation de la contenance n'étant souvent exprimée dans les titres respectifs que d'une manière approximative et inexacte, il arrivera que l'opération du mesurage produira, pour chacun des propriétaires, une augmentation ou un déficit dans la contenance indiquée; il arrivera peut-être aussi que l'un des propriétaires ait un titre fixant la contenance de son héritage, et que les titres de l'autre soient muets sur la contenance; disons même plus, il pourra se faire qu'il n'y ait de titre de part ni d'autre : alors, dans ces différentes hypothèses, le juge de paix devra procéder d'après les règles suivantes :

1° Si les titres des deux voisins indiquaient des contenances qui, réunies, donneraient une étendue plus grande que celle obtenue par le mesurage des deux terrains contigus, le déficit devrait être supporté par chaque propriétaire proportionnellement à la contenance indiquée dans son titre comparée à la contenance indiquée dans l'autre. Toutefois, s'il était évident que le déficit des contenances provient d'une usurpation commise au préjudice de l'une et de l'autre des parties par quelque autre propriétaire voisin, le juge de paix devrait faire supporter tout ou partie de ce déficit à celle des parties au préjudice de laquelle l'usurpation paraît avoir été commise, sauf à celle-ci à mettre l'usurpateur en cause pour faire procéder avec lui à un bornage contradictoire.

2° Si les titres donnaient une contenance inférieure à celle qui résulte du mesurage des terrains, l'excédant devrait être réparti entre les deux propriétaires, dans la proportion indiquée par la comparaison des contenances indiquées dans leur titre.

3° Si la contenance était indiquée dans le titre de l'une des parties et que l'autre fût muet à ce sujet, le titre non contesté fixerait l'étendue de l'héritage du propriétaire qui représente ce titre;

4° Enfin, s'il n'y a de titre de part ni d'autre ou si les titres n'indiquent pas les contenances, c'est la possession annale qui doit servir de base à la délimitation. A défaut d'une possession annale constatée, le juge de paix aura recours à toutes présomptions propres à éclairer sa religion. Si, enfin, ces présomptions lui manquent, il devra fixer la délimitation d'après la possession actuelle des deux propriétaires voisins. (M. Bourbeau, *Traité des justices de paix*, n° 253.)

La ligne séparative des deux héritages étant reconnue, il peut se faire qu'elle soit irrégulière ou anguleuse; alors, du consentement des parties, le juge de paix peut tracer à la place une ligne droite pour la commodité de l'un et de l'autre des propriétaires en laissant d'une part autant qu'on donne de l'autre; le bornage constitue alors un véritable alignement.

De ce que le consentement des parties est nécessaire pour une telle opération qui présente les caractères de l'échange, on pourrait tirer la conséquence qu'elle n'est permise qu'entre parties capables d'aliéner et lorsqu'il s'agit de biens aliénables. Mais il n'en est pas ainsi, une rectification d'alignement telle que nous venons de l'indiquer est plutôt un acte d'administration qu'une aliénation véritable. Il ne faut pas perdre de vue qu'ici l'indivision et le voisinage symbolisent, comme auraient dit les anciens jurisconsultes: aussi le bornage est-il déclaratif et non translatif de propriété.

Les limites étant constatées, il s'agit de les déterminer par des signes certains et reconnaissables. Ces signes sont de deux sortes: les uns naturels et immobiles, comme une rivière, une colline, un rocher; les autres artificiels et mobiles, comme des pierres, et plus généralement des bornes, c'est-à-dire des pierres de même grain et de même nature enfoncées dans le sol, et disposées de telle façon, disait Coquille, que l'une à son aspect s'adresse à l'autre. On place ordinairement avec ces pierres des substances ou des matériaux dont le procès-verbal fait mention, et qui servent ainsi à faire reconnaitre et à consacrer en quelque sorte la distinction des bornes. Ces signes, connus autrefois sous le nom de perdriaux, tilleuls, gardes, et que nous appelons garants ou témoins, sont, chez nous encore, comme autrefois chez les Romains, tantôt du charbon pilé, tantôt des fragments de verre ou de métal, et le plus souvent des cailloux ou des tuileaux cassés en plusieurs endroits; de telle sorte qu'en les confrontant l'un à l'autre il est reconnu que « ç'a a été autrefois une seule pierre, qui à escient a été cassée pour servir à cet effet ».

Les frais du bornage, aux termes de l'article 646 du Code Napoléon, doivent être supportés en commun, c'est-à-dire par égale portion entre les parties. — Toutefois, si la délimitation des héritages imposait la nécessité du mesurage des propriétés respectives, il serait juste de répartir les frais proportionnellement à l'étendue de chacune des propriétés soumises à l'arpentement; la disposition de l'article 646 devrait être restreinte, conformément à la lettre du texte, aux frais de l'opération matérielle de la plantation des bornes; quant aux frais de l'instance en bornage, ils doivent être supportés par la partie qui succombe, soit que le juge déclare la demande mal fondée, soit qu'il rejette les prétentions de la partie qui se refuse au bornage ou qui soulève des contestations reconnues sans valeur.

SECTION IV.

DES EFFETS DU BORNAGE.

Le bornage, ayant uniquement pour but de conserver à chacun l'intégralité de son héritage, ne peut être attributif de propriété; il est donc, comme nous l'avons déjà dit, purement déclaratif des droits préexistants des propriétaires voisins. Pour ce qui est des fruits recueillis sur le terrain restitué par suite du bornage, ils sont dus à compter du jour de la demande, sauf le cas où l'empiètement aurait eu lieu de mauvaise foi : les fruits alors seraient dus à dater de l'usurpation.

Le bornage une fois fait, soit d'un commun accord, soit en vertu d'une décision judiciaire, devient un titre réciproque entre les parties. Ici se présente une question assez controversée, la voici : Le titre qui résulte du bornage avec la détermination respective des contenances qu'il constate, est-il définitif et irrévocable ? M. Demolombe propose à cet égard la distinction suivante : ou le bornage a été fait en exécution d'une décision judiciaire, qui a ordonné la plantation des bornes à tel ou tel endroit, et alors cette décision ne pourrait être attaquée, suivant le droit commun, que par les voies de recours permises, et sous les conditions et dans les délais déterminés ; ou bien, le bornage a eu lieu par suite d'un accord volontaire entre les parties, et alors la règle générale est qu'il fait leur loi commune, et que l'une d'elles ne pourrait plus ensuite revenir discuter de nouveau sur la meilleure ligne de démarcation qu'il convenait d'adopter. Nous croyons cependant qu'il faudrait excepter le cas où la convention serait attaquée pour cause d'erreur, et le cas où les parties n'auraient entendu faire qu'une simple opération matérielle de plantation de bornes, sans fixer par là l'incertitude qui pourrait exister sur la ligne divisoire de leurs fonds.

Un effet important encore du bornage est de faire en général pendant trente ans, obstacle à une nouvelle demande en bornage ; un propriétaire, en effet, ne saurait forcer son voisin à recommencer à tout propos cette opération, dont le résultat est devenu leur loi commune.

Si, par un accident fortuit quelconque, les bornes avaient été détruites, *si irruptione fluminis fines agri confundit inundatio*, chacun des voisins aurait le droit d'en demander le rétablissement en exécution même du procès-verbal antérieur de bornage.

CHAPITRE VII.

DU DROIT QUI APPARTIENT A TOUT PROPRIÉTAIRE DE SE CLORE.

Aux termes de l'art. 647, tout propriétaire peut clore son héritage, sauf l'exception portée en l'art. 682. La faculté de se clore est une conséquence du droit de propriété; le propriétaire qui en use ne demande absolument rien à son voisin; il ne fait que se servir de sa propre chose, dans les plus strictes limites de son droit; par quelle étrange méprise la loi a-t-elle donc pu placer ce droit parmi les servitudes? Rien assurément n'y ressemble moins; il serait même difficile de comprendre comment le législateur a cru devoir décréter une règle aussi simple, si l'on ne se rappelait que cette règle a été autrefois soumise à des exceptions dont il a précisément voulu l'affranchir. Voilà pourquoi la loi du 28 septembre-6 octobre 1791, après avoir disposé que le droit de clore et de déclore ses héritages résulte essentiellement de celui de propriété, et ne peut être contesté à aucun propriétaire, ajoutait immédiatement dans le même article : « L'Assemblée nationale abroge toutes les lois et coutumes qui peuvent contrarier ce droit » (art. 4 de la section 4 du titre premier).

C'est que, il faut le dire de suite, dans notre ancienne jurisprudence, le droit de se clore était modifié par des restrictions résultant soit du droit de chasse réservé au seigneur féodal ou haut justicier, soit des droits de parcours et de vaine pâture dont nous allons tout à l'heure dire quelques mots. Les nouveaux législateurs ont voulu restituer à cette faculté toute sa plénitude, et il est certain qu'au lieu de reconnaître là une servitude quelconque, naturelle ou légale, ils ont eu en vue d'affranchir la propriété d'une servitude qui la grevait antérieurement.

§ I.

Exceptions au principe de l'art. 647.

L'article 647 pose la règle générale, et ne mentionne qu'une exception : celle portée en l'art. 682. Mais il est à remarquer d'une part que la servitude légale de passage pour cause d'enclave, établie par cet article, ne constitue pas à vrai dire une exception à la règle, qui autorise tout propriétaire à clore son héritage. En effet, dès que le propriétaire sur le fonds duquel le passage est réclamé livre effectivement ce passage au propriétaire enclavé, le but de la loi est rempli, et à l'égard de tous autres, le propriétaire a le droit de se clore, et par conséquent celui de soustraire son héritage au parcours et à la vaine pâture.

D'autre part, l'exception dont parle l'art. 647 n'est pas la seule qui existe à cet égard. Il est de toute évidence que l'exception s'appliquerait aussi bien à toute servitude de passage ou autre, soit légale, soit conventionnelle, à laquelle un fonds pourrait être assujetti. Je vais même plus loin, et je dis que, dans ce dernier cas, cette exception pourrait être plus étendue que dans l'art. 682, et s'opposer d'une manière absolue à la clôture du fonds; c'est là ce qui arriverait si le titre constitutif de la servitude déclarait que le passage devra être libre. Il en serait encore ainsi, dans le cas où il résulterait d'une convention intervenue entre deux propriétaires voisins, que ni l'un ni l'autre n'auraient le droit de se clore ; rien, en effet, ne paraît s'opposer à l'établissement de cette servitude, qui peut être fort utile à l'un des deux fonds, et qui, à coup sûr, n'a rien de contraire à l'ordre public.

§ II.

Des droits de chasse, de parcours et de vaine pâture.

Le droit de chasse, en vertu duquel le seigneur pouvait autrefois pénétrer jusque dans les parcs et jardins dépendants des maisons, et dont la clôture elle-même n'affranchissait pas toujours les fonds, a disparu dans la révolution politique et sociale que les lois intermédiaires et les lois nouvelles ont consacrée. Quant aux droits de parcours et de vaine pâture, ils ne font point obstacle à la faculté que tout propriétaire a de se clore.

La vaine pâture est le droit réciproque que les habitants d'une même commune ont de faire paitre leurs troupeaux et bestiaux sur les héritages les uns des autres, où il n'y a ni semence ni fruits; c'est là ce qui résulte des art. 9 et 10, article 4 titre 1er de la loi du 6 octobre 1791; en voici le texte :

Article 9. — « Dans aucun cas et dans aucun temps, le
« droit de parcours ni celui de vaine pâture ne pourront
« s'exercer sur les prairies artificielles, et ne pourront avoir
« lieu sur aucune terre ensemencée ou couverte de quelque
« production que ce soit, qu'après la récolte. »

Article 10. — « Partout où les prairies naturelles sont su-
« jettes au parcours ou à la vaine pâture, ils n'auront lieu
« provisoirement que dans le temps autorisé par les lois et
« coutumes, et jamais tant que la première herbe ne sera
« pas récoltée. »

On comprend dès lors pourquoi cette pâture est appelée vaine, par opposition à la grasse ou vive pâture que les habitants d'une commune exercent sur les landes, marais ou bruyères appartenant à la commune, ou assujettis dans leur intérêt à un droit exclusif de pâturage.

Le parcours est le droit en vertu duquel les habitants de deux communes voisines peuvent envoyer réciproquement leurs bestiaux paître en vaine pâture, d'un territoire sur l'autre. C'est, en autres termes, le droit de vaine pâture exercé de commune à commune.

Ces droits de vaine pâture ont eu certainement partout pour origine une sorte d'association tacite, par laquelle les propriétaires ou cultivateurs sont convenus, et ceci dans leur intérêt réciproque, de mettre en commun les dernières dépouilles de leurs fonds, et d'y laisser paître librement leurs animaux, sans que chacun fût obligé de garder les siens à vue, afin de les renfermer dans ses limites. Le pauvre n'était point oublié, et la satisfaction que la vaine pâture procurait à ses besoins a dû sans doute aussi en favoriser l'établissement. — Il n'est pas inutile de donner ici connaissance du texte de l'art. 14, section 4, titre 1er de la loi de 1791, qui consacre une si bonne institution : « Tout chef de famille domicilié, qui ne sera ni propriétaire, ni fermier d'aucun des terrains sujets au parcours ou à la vaine pâture, et le propriétaire ou fermier à qui la modicité de son exploitation n'assurerait pas l'avantage qui va être déterminé, pourront mettre sur lesdits terrains soit par troupeaux séparés, soit en troupeaux en commun, jusqu'au nombre de six bêtes à laine et d'une vache avec son veau, etc. — Ainsi, le législateur de 1791 ne s'est pas seulement préoccupé de celui qui ne possédait aucune terre, mais encore de celui dont l'exploitation était insuffisante.

Cependant les règles relatives à la vaine pâture étaient fort diverses sous notre ancienne jurisprudence. Dans les provinces de droit écrit, le vain pâturage n'était généralement considéré que comme l'effet d'une simple tolérance qui ne mettait nullement obstacle à la faculté que chacun des propriétaires avait de se clore. Quant aux Coutumes, elles se partageaient sur ce point, comme sur beaucoup d'autres, en plusieurs classes ; les unes considéraient bien la vaine pâture comme étant purement précaire, mais les autres en avaient fait une servitude légale à laquelle il n'était pas permis aux propriétaires de se soustraire.

§ III.

Dans quel cas un héritage est réputé clos par rapport aux droits de parcours et de vaine pâture.

Pour savoir dans quel cas un héritage sera réputé clos, il suffit de lire les dispositions de l'article 6, titre 1, section 4, de la loi de 1791. « L'héritage sera réputé clos lorsqu'il sera
« entouré d'un mur de quatre pieds de hauteur, avec barrière
« ou porte; ou lorsqu'il sera exactement fermé et entouré de
« palissades ou de treillages, ou d'une haie vive, ou d'une haie
« sèche faite avec des pieux, ou cordelée avec des branches
« ou de toute autre manière de faire les haies en usage
« dans chaque localité, ou enfin d'un fossé de quatre pieds
« de large au moins à l'ouverture et de deux pieds de pro-
« fondeur. »

Le Code Napoléon n'ayant rien statué à cet égard, on doit en conclure qu'il a adopté l'article précité. Tous les auteurs ne sont pas cependant de cet avis, et M. Pardessus prétend que la clôture varie suivant les usages locaux. — On peut, dit-il, en général, d'après l'article 391 du C. P., considérer comme parc et enclos, tout terrain environné de fossés, de pieux, de claies, de planches, de haies vives ou sèches, ou de murs de quelque espèce de matériaux que ce soient, quelles que soient la hauteur, la profondeur, la vétusté, la dégradation de ces diverses clôtures, quand même il n'y aurait pas de porte fermant à clef ou autrement, ou quand même la porte serait à claire-voie et ouverte habituellement. »

Mais cette disposition de l'article 391 du C. P. est tout à fait spéciale, et nous croyons que le seul mode de clôture, en ce qui concerne les usages ruraux et particulièrement la vaine pâture, est encore aujourd'hui exclusivement celui que détermine l'article 6 précité de la loi de 1791.

C'est encore par les dispositions de la loi de 1791, qu'il faut interpréter l'article 648 du Code Napoléon ainsi conçu : « Le « propriétaire qui veut se clore perd son droit au parcours et à « la vaine pâture en proportion du terrain qu'il y soustrait. »

L'explication toute naturelle de cet article se trouve dans l'article 13, section 4, titre 1 de la loi de 1791 qui dit que la quantité de bétail que chaque propriétaire peut envoyer au parcours et à la vaine pature est réglée proportionnellement à l'étendue du terrain à tant de bêtes par arpent, soit par des règlements et usages locaux, soit par un arrêté du conseil municipal. — Quelle est maintenant la conséquence de cela ? Nous la trouvons de suite au moyen de l'article 16 de la même loi : « Quand un propriétaire d'un pays de parcours ou « de vaine pâture aura clos une partie de sa propriété, le « nombre de têtes de bétail qu'il pourra continuer d'envoyer « dans le troupeau commun ou par troupeaux séparés sur les « terres particulières des habitants de la communauté sera « restreint proportionnellement et suivant les dispositions de « l'article 13 de la présente section. »

Il est évident en effet que la réduction du nombre de têtes de bétail en proportion du terrain soustrait à la vaine pâture était en pareil cas le seul moyen équitable exempt d'arbitraire, le seul même qu'il fût possible d'employer. L'article 5 de la même section de la loi de 1791 nous apprend que ce n'est d'ailleurs que tout le temps que l'héritage sera clos qu'il est affranchi de la vaine pâture et du parcours ; d'où il suit que l'on a pu dire avec vérité, que la clôture ne procure pas un affranchissement réel et définitif, mais qu'elle suspend plutôt l'exécution du droit.

Le propriétaire qui a mis son héritage en état de clôture n'est pas tenu de laisser passer les bestiaux qui avaient l'habitude de le traverser pour se rendre aux autres héritages grevés du parcours et de la vaine pâture. — Il est bien vrai que l'édit de mai 1769, concernant la province de Champagne, s'exprimait ainsi : « La clôture des héritages ne

« pourra néanmoins avoir lieu au préjudice du passage des
« bestiaux pour aller sur les terrains qui restent ouverts à la
« pâture. »

Mais ni la loi de 1791 ni l'article 647 du Code Napoléon n'ont consacré cette restriction, et s'il arrivait qu'on décidât que le propriétaire qui a clos son fonds doit le passage pour les bestiaux, ce ne pourrait être qu'en vertu de l'article 682, sous les conditions déterminées par cet article et à la charge d'une indemnité.

POSITIONS.

DROIT ROMAIN.

I. On peut établir un droit d'aqueduc même sur des eaux non encore découvertes.

II. La servitude *luminum* ne doit pas être confondue avec la servitude *ne luminibus officiatur.*

III. Sous Justinien, les servitudes peuvent être établies par des pactes et des stipulations suivies de la quasi-tradition.

IV. C'est toujours à celui qui intente l'action négatoire, à prouver l'inexistence de la servitude.

V. Il n'est pas exact de dire que Justinien aurait établi que les servitudes ne s'éteindraient réellement plus par le non-usage, c'est-à-dire par cela seul qu'on aurait cessé d'user; mais qu'il faudrait en outre, pour toutes les servitudes tant rurales qu'urbaines, que le propriétaire eût acquis sa libération en faisant quelque acte contraire à leur existence.

DROIT FRANÇAIS.

CODE NAPOLÉON.

I. Il existe des différences importantes entre les servitudes qui d'après le chapitre premier dérivent de la situation des lieux et celles établies par la loi d'après le chapitre II.

II. Le propriétaire inférieur n'est pas tenu de faire le curage, ni aucun travail, afin de procurer l'écoulement des eaux.

III. Celui des propriétaires qui a laissé faire à l'autre un ouvrage nuisible serait non recevable à en demander la destruction lorsqu'il aurait laissé passer trente ans.

IV. Les ouvrages destinés à faciliter la chute ou le cours de l'eau doivent, pour opérer la prescription, être faits en partie, du moins sur le fonds supérieur.

V. L'article 643 n'est pas applicable aux citernes, mares, étangs ou fontaines stagnantes.

VI. La loi de 1815 est applicable au propriétaire non riverain des eaux qu'il s'agit de dériver lorsqu'il a obtenu de celui qui pouvait le lui accorder le droit de les dériver.

VII. La faculté que possède chacun des riverains d'un ruisseau pluvial ne pourraient pas lui être enlevée par l'effet d'une concession que l'administration chargée de la police locale en aurait faite à l'un d'eux.

CODE DE PROCÉDURE.

I. La réintégrande, pour être exercée, n'exige pas, comme la complainte, la possession d'an et jour.

II. Les causes qui intéressent les mineurs émancipés sont toujours dispensées des préliminaires de la conciliation.

DROIT COMMERCIAL.

I. Un seul créancier peut demander la résolution du concordat en cas d'inexécution des engagements pris par le failli.

II. Le consentement du mari, pour habiliter la femme à faire le commerce, ne peut être suppléé par l'autorisation de justice.

DROIT ADMINISTRATIF.

I. L'espace compris entre les contre-forts d'une église consacrée au culte catholique est prescriptible.

II. Le lit des rivières non navigables ni flottables est une chose commune.

DROIT CRIMINEL.

I. L'art. 605 du Code du 3 brumaire an IV, qui punit les voies de fait et violences légères des peines de simple police, n'a été ni formellement, ni implicitement abrogé par le nouvel article 311 du Code pénal.

II. Le décès du mari n'éteint pas la poursuite en adultère dirigée sur sa plainte contre sa femme.

Vu par le Président de l'Acte,
A. LEPETIT ✱.

Vu par le Doyen de la Faculté,
O. BOURBEAU (O. ✱).

Permis d'imprimer :

Pour le Recteur,
L'Inspecteur délégué,
E.-G. SANDRAS ✱.

Les visa exigés par les règlements sont une garantie des principes et des opinions relatives à la religion, à l'ordre public et aux bonnes mœurs (Statut du 9 avril 1825, art. 41), mais non des opinions purement juridiques, dont la responsabilité est laissée aux candidats.

Le candidat répondra en outre aux questions qui lui seront faites sur les autres matières de l'enseignement.

TABLE DES MATIÈRES.

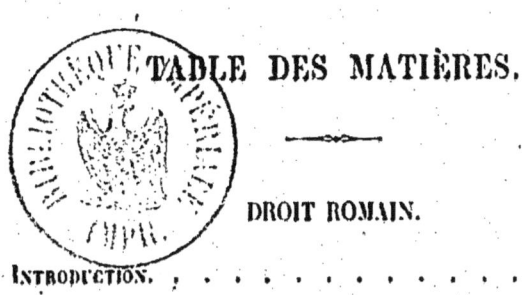

DROIT ROMAIN.

	Pages.
Introduction.	1
CHAPITRE Ier. — Des servitudes en général.	3
Section I. — Caractères essentiels à toutes servitudes.	3
Section II. — Caractères propres aux servitudes prédiales ou réelles.	5
CHAPITRE II. — Division des servitudes prédiales.	9
§ 1er. — Comment on détermine si la servitude est urbaine ou rurale.	11
§ 2. — Principales servitudes rurales.	11
§ 3. — Servitudes urbaines.	18
CHAPITRE III. — Comment s'établissent les servitudes prédiales.	22
§ 1er. — Des différentes manières dont s'établissent ces servitudes réelles.	25
§ 2. — Qui peut imposer une servitude réelle, et pour qui on peut l'imposer.	30
§ 3. — Par qui on peut acquérir une servitude pour son fonds de terre.	32
§ 4. — Pour quelles choses les servitudes réelles peuvent être constituées ou imposées.	32
§ 5. — Une servitude de la même espèce peut-elle être constituée pour plusieurs fonds de terre?	33
CHAPITRE IV. — Ce qui est contenu dans le droit de servitude réelle.	34
CHAPITRE V. — Actions réelles qui naissent des servitudes prédiales.	36
§ 1er. — De l'action confessoire.	36
§ 2. — De l'action négatoire.	39

	Pages.
§ 3. — De l'action résultant de la servitude *oneris ferendi*.	41
CHAPITRE VI. — Modes d'extinction des servitudes prédiales.	42
§ 1er. — De la confusion.	43
§ 2. — Résolution du droit du constituant.	44
§ 3. — Remise de la servitude.	44
§ 4. — Du non-usage.	45
§ 5. — De la destruction de l'un des deux fonds et du changement arrivé dans la forme de l'un ou de l'autre.	48

DROIT FRANÇAIS.

HISTORIQUE.	51
§ 1er. — Droit romain.	51
§ 2. — Ancien Droit français.	53
§ 3. — Droit coutumier.	55
§ 4. — Code Napoléon.	59
§ 5. — Droit comparé.	61
CHAPITRE Ier. — Règles générales et caractères des servitudes.	63
§ 1er — Caractères constitutifs de la servitude.	63
§ 2. — Division des servitudes.	66
CHAPITRE II. — Des servitudes qui résultent de la situation naturelle des lieux.	67
Section I. — De l'assujettissement des fonds inférieurs, quant aux eaux qui découlent naturellement des fonds supérieurs.	67
§ 1er. — Dans quel cas l'article 640 est-il applicable ?	68
§ 2. — Quels sont les droits et les obligations, soit des propriétaires inférieurs, soit des propriétaires supérieurs ?	72
Section II. — Des sources.	76
§ 1er. — Du droit du propriétaire qui a une source dans son fonds.	76
§ 2. — Du titre par rapport aux sources.	79

	Pages.
§ 3. — Destination du père de famille, applicable aux sources.	82
§ 4. — De la prescription en ce qui concerne les sources.	84
§ 5. — Des droits des habitants d'une commune sur les eaux de source.	86
CHAPITRE III. — Des fonds bordés ou traversés par une eau courante.	90
Section I. — Des fonds bordés par une eau courante.	91
Section II. — Des fonds traversés par une eau courante.	99
Section III. — Règles communes aux deux hypothèses prévues par l'art. 644.	102
Section IV. — Sous quelles conditions et dans quelles limites peut être exercé le pouvoir réglementaire que l'article 645 accorde aux tribunaux en cette matière.	105
§ 1er. — Mission de l'autorité judiciaire.	105
§ 2. — Observation générale sur la mission de l'autorité administrative en ce qui concerne les cours d'eau.	109
CHAPITRE IV. — Examen des lois spéciales rendues les 29 avril 1845, 11 juillet 1847, 10 juin 1854, 23 juillet 1856, sur les irrigations, le droit d'appui et l'écoulement des eaux par le drainage.	111
Section I. — Loi du 29 avril 1845 sur les irrigations.	112
§ 1er. — Servitude de passage des eaux pour l'irrigation.	112
§ 2. — Servitude de passage pour l'écoulement des eaux nuisibles.	116
§ 3. — Dispositions communes à ces deux espèces de servitudes.	118
Section II. — Loi du 11 juillet 1847 sur le droit d'appui.	119
Section III. — Lois du 10 juin 1854 et 23 juillet 1856 sur l'écoulement des eaux provenant du drainage.	122
§ 1er. — Notions historiques sur le drainage.	122
§ 2. — Examen des dispositions de la loi du 10 juin 1854.	124
§ 3. — Appréciation de la loi du 23 juillet 1856.	127

	Pages.
CHAPITRE V. — Des eaux pluviales.	128
Première hypothèse. — Eaux pluviales qui tombent sur une propriété privée.	129
Seconde hypothèse. — Des eaux pluviales coulant sur un chemin public.	132
CHAPITRE VI. — De l'obligation pour les propriétaires de procéder à frais communs au bornage de leurs propriétés contiguës.	134
Section I. — Ce que c'est que l'action en bornage. — Quelle est sa nature. — Quel juge est compétent pour en connaître.	135
Section II. — Par qui et contre qui l'action en bornage peut être intentée et dans quels cas.	138
Section III. — En quoi consiste l'opération du bornage. — Quelles en sont les formes.	140
Section IV. — Des effets du bornage.	143
CHAPITRE VII. — Du droit qui appartient à tout propriétaire de se clore.	145
§ 1er. — Exceptions au principe de l'art. 647.	146
§ 2. — Des droits de chasse, de parcours et de vaine pâture.	147
§ 3. — Dans quels cas un héritage est réputé clos par rapport aux droits de parcours et de vaine pâture. . .	149
Positions.	151

POITIERS. — TYPOGRAPHIE DE HENRI OUDIN.

POITIERS
TYPOGRAPHIE OUDIN

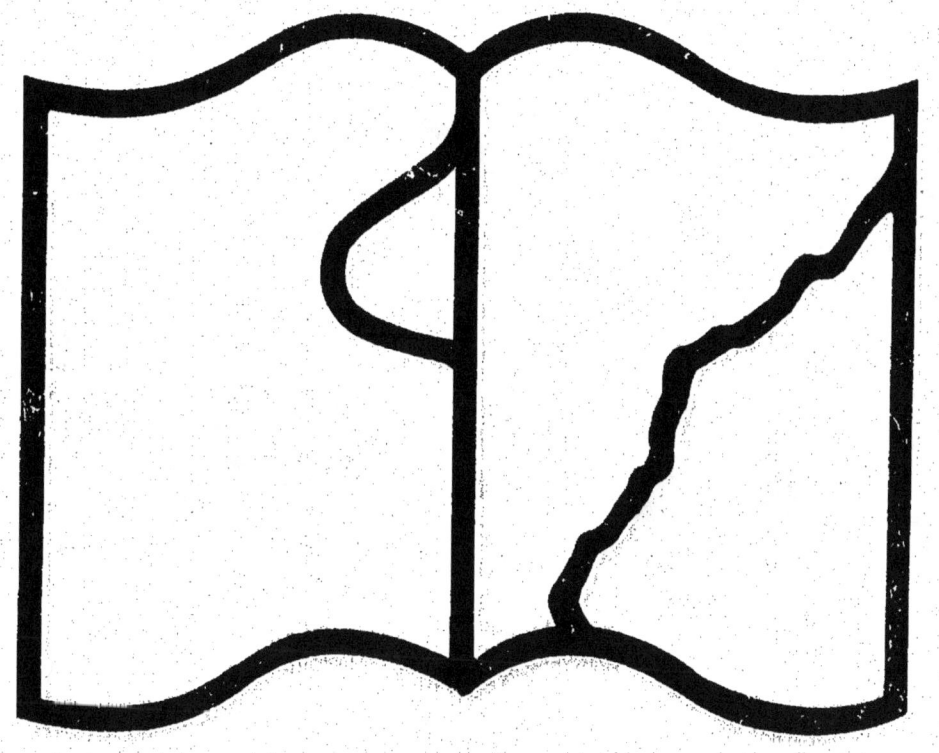

Texte détérioré — reliure défectueuse
NF Z 43-120-11

Contraste insuffisant
NF Z 43-120-14